HAMMETT · ICH, PRISCILLA

D1730223

EVELYN A. HAMMETT

Ich, Priscilla

mit Zeichnungen
von Ellen Moore

FRIEDRICH BAHN VERLAG KONSTANZ

Die Originalausgabe erschien unter dem Titel „I, Priscilla"
im Verlag Macmillan, New York.
Evelyn Allen Hammett 1960. Die Übersetzung aus dem
Amerikanischen besorgte Dr. H.-W. Thiemer.

10.—13. Tausend 1976
Deutsches © Christliche Verlagsanstalt GmbH, Konstanz
Schutzumschlagentwurf: Kathleen Voute
Satz: MZ-Verlagsdruckerei GmbH, Memmingen
Druck: Max Jacob KG, Konstanz
Bindearbeiten: Georg Gebhardt, Ansbach
Printed in Germany
ISBN 3 7621 4165 7

INHALTSVERZEICHNIS

In ye name of God, Amen.

I, Priscilla, am ye Daughter of Matthew Grant, and Priscilla, his wife. I was born in Devonshire, England, 14 September, sixteen hundred twenty three. So I am now twelve years old. It is today 14, Oct. in ye year of our Lord, sixteen hundred thirty five and of King Charles ye First ye Tenth year.

Tomorrow we start on a trip by Shank's mare, as Father says. He means that we will walk. We will go to a new country over one hundred miles away. We hope there will be more land for us and ye winters will be milder.

We will leave ye Ocean. But there will be a river called Connecticut.

About fifty will go. Most of us came on ye ship Mary and John from England five years ago.

We are called Puritans.

Farewell, dear solid house. God bless ye roof. God bless ye floor. God bless ye oven and ye door.

Nur ein paar Blätter sind noch von dem Tagebuch erhalten, das meine Ururururururururgroßmutter als zwölfjähriges Mädchen geführt hat, und diese dreihundert Jahre alten Blätter sind stockfleckig und zerfleddert. Sie berichten von einem langen Fußmarsch, den dieses beherzte Mädchen zusammen mit seinen tapferen Eltern, dem kleinen Bruder und ihren Freunden im Jahre 1635 unternommen hat, um von Dorchester in Massachusetts — heute eine Vorstadt von Boston — nach dem jetzigen Windsor in Connecticut zu gelangen.

Im folgenden wird geschildert, wie diese Reise verlaufen ist.

„Im Namen Gottes. Amen.

Ich, Priscilla, bin die Tochter von Matthäus Grant und seiner Frau Priscilla. Ich bin geboren am 14. September 1623 in Devonshire, England. Ich bin jetzt zwölf Jahre alt. Heute ist der 14. Oktober im Jahr des Herrn 1635 und im zehnten Regierungsjahr unseres Königs, Karl I.

Morgen gehen wir auf eine Reise, auf Schusters Rappen, wie Vater sagt. Er meint damit, daß wir zu Fuß gehen. Wir wollen in ein neues Land gehen, über hundert Meilen von hier. Wir hoffen, daß es dort mehr Land für uns gibt und mildere Winter.

Wir gehen fort vom Meer. Aber dort ist ein Fluß, der heißt Connecticut.

Ungefähr sechzig wollen mit. Die meisten sind vor fünf Jahren mit dem Schiff *Mary and John* von England gekommen.

Wir werden Puritaner genannt.

Leb wohl, du liebes festes Haus.
Gott segne die Tür. Gott segne das Dach.
Gott segne den Herd und das Gemach."

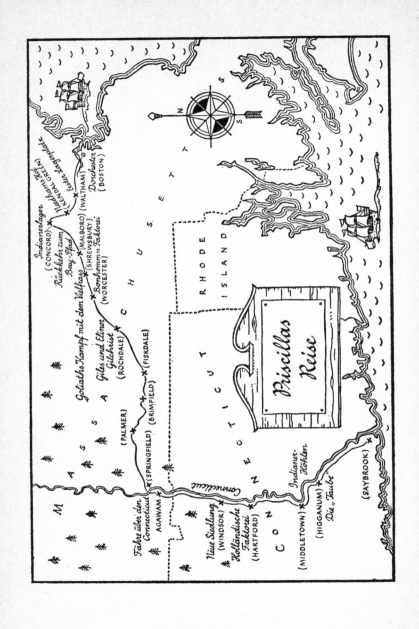

October 14
"Farewell, dear solid house"

Leb wohl, du liebes festes Haus

Priscilla strich die ihr ständig in die Stirn fallende kastanienbraune Locke zurück und schob sie unter eine der Flechten, die ihren Kopf wie ein Kranz umgaben. Dann zog sie die Gänsefeder aus der Yamsknolle, in der sie gewöhnlich stak, und beschnitt sie säuberlich mit dem Federmesser. Sie tauchte die Feder in das kleine zinnerne Tintenfaß neben ihr auf der Bank und schrieb mit fester Hand auf die erste Seite ihres Buches:

Im Namen Gottes, Amen.

Mit diesen Worten pflegten Testamente zu beginnen, auch Predigten und Tagebücher, und Priscilla begann ihr Tagebuch!

Sie stemmte den mokassinbekleideten rechten Fuß gegen einen schweren dreibeinigen Hocker und legte das Buch aufgeschlagen auf das Knie. Sie ging sehr vorsichtig um mit der kostbaren Tinte, die ihre Mutter vor Priscillas erstaunten Augen aus Sumpfahornrinde und etwas Eisenvitriol gekocht hatte. Auch auf ihr einfaches gelbes Kleid mit dem weißen Kragen gab sie gut acht und strich den langen Rock glatt, damit er nicht zerknitterte.

Die Bank war noch das einzige bewegliche Möbelstück in dem Häuschen. Priscilla glitt mit der Linken über das schön polierte Holz und befühlte behutsam mit den Fingerspitzen die eingeschnitzten Buchstaben GRANT 1630. Es war das erste richtige Stück, das Vater geschreinert hatte, das einzige für lange Zeit, nachdem sie in dieses neue Land gekommen waren. Sie waren ja glücklich gewesen,

9

daß er ihnen vor der kalten Jahreszeit so ein gutes Haus hatte bauen können. Die Möbel konnten noch warten!

Als sie schrieb „unseres Königs, Karl I.", runzelte sie die Stirn. England lag weit fort, über der See, und der König und die Puritaner liebten sich nicht. Ja, der König hatte sogar gesagt, er wolle sie „aus England vertreiben". Vertreiben, das hieß: verjagen — wie mit Hunden!

Ihre Finger waren ganz steif geworden, aber sie war entschlossen weiterzuschreiben. Vater hatte der Familie den Leitspruch gegeben: Wir beenden, was wir beginnen! Außerdem, dachte sie, werde ich eines Tages vielleicht selber ein kleines Mädchen haben, und das wird dann wissen wollen, wie seine Mutter gelebt hat.

Sie hatte vor, möglichst jeden Tag etwas in ihr Tagebuch zu schreiben, sogar unterwegs. Das gut verschlossene Tintenfaß und ihr Gänsekiel, der schon die meisten Federn verloren hatte, würden in eine kleine Büchse kommen, und die Büchse in einen rehledernen Beutel, den sie an den Gürtel hängen wollte.

Auch das Buch würde in dem Beutel die Reise mitmachen. Es war klein und fest und quadratisch, nicht viel größer als das kleine Gebetbuch, das sie einmal besessen hatte. Die Blätter entstammten einer kostbaren Papiersendung aus England. Das meiste davon war mit Bärenfett eingeschmiert worden, und diese Blätter wurden dann in die Fensterrahmen eingesetzt. Aber Mutter hatte den Abfall von den Rändern der breiten Bogen gerettet und in lauter gleichgroße Blätter geschnitten. Die hatte Giles Harrington, der Schuhmacher, in eine Decke aus gegerbtem Leder gebunden, mit den gleichen derben Stichen, mit denen er die Schuhe anfertigte. Als sie das Buch zum erstenmal aufschlug, hatte es gequietscht, genau wie Schuhe manchmal quietschen. Sie hatte es noch weiter aufgeschlagen und mit der Innenseite nach unten flach auf ihre Knie gelegt, es dann geschlossen und abermals aufgeschlagen und wieder geschlossen, bis es biegsam wurde und das Quietschen aufhörte.

Auch Zeichnungen sollten in das Buch kommen, besonders von Tieren. Bisher hatte es selten Papier zum Zeichnen gegeben, aber sie hatte ja Sand und auch Schnee gehabt, um darin zu malen.

Sie zögerte nicht bei dem merkwürdigen Namen der Gegend, die ihre neue Heimat werden sollte: *Connecticut.* Mutter hatte sie den neuen Namen ebenso buchstabieren gelehrt wie damals den der Kolonie, die sie nun verlassen sollte, *Massa-da-chu-setts,* der jetzt *Massachusetts* geschrieben wurde. Sie wußte, das war ein indianischer Name und bedeutete „Land der hohen Berge am Meer". Auch ihre eigene Niederlassung hatte einen indianischen Namen gehabt, Mattapan, aber die Engländer hatten schon bald Dorchester daraus gemacht zur Erinnerung an die alte Heimat.

In dem steinernen Herd brannte ein schwaches Feuer und verbreitete behagliche Wärme. Das eine Fenster stand auf, und Priscilla hatte auch die Tür geöffnet, um die schöne Oktobersonne hereinzulassen. Das Licht ist wie zartes Gold, dachte sie. „Zartes Gold!" wiederholte sie laut. Klang das nicht entzückend? Und sie fragte sich, ob es in Connecticut auch so schöne Oktobertage geben würde.

„Dort gibt es einen gewaltigen Strom", hatte Vater gesagt, „auf dem man fahren kann, mit vielen Fischen drin, und ausgedehnte Felder für unser Getreide, und viele Bäume für Bauholz." So hatten Vaters Freunde berichtet, als sie zu sechst im vergangenen August zurückkamen. Sie hatten sich das Land gut angesehen, sie hatten ein paar Bäume gefällt, einige Schuppen errichtet und etwas Korn angepflanzt. Zwei junge Leute von achtzehn und neunzehn Jahren, Remember und Gideon Roundtree, waren in der neuen Siedlung zurückgeblieben, um die Gebäude instand zu halten und möglichst viel Feldfrüchte einzubringen.

Draußen raschelte das Laub, und gleich darauf trat Mutter ein, mit geröteten Wangen, die blaue selbstgefertigte Kapuze in den Nacken geschoben — es war ja so warm!

„Jetzt habe ich bloß noch einen Besuch zu machen", sagte sie.

Auf ihrer sonst so glatten, ruhigen Stirn zeichneten sich Sorgenfalten ab, Priscilla merkte es wohl. „Es ist zwar Sabbat, aber ich muß doch der alten Mutter Symonds Lebewohl sagen, die wieder ihre Gicht hat und zu Bett liegt."

Wenn Priscilla an ihre Mutter dachte, fiel ihr oft das Wort „Friede" ein. Es paßte auf sie, wie „Kraft" auf den Vater paßte. Seit sie so viel aus der Bibel vorlesen hörte, hatte sie sich angewöhnt, biblische Ausdrücke auf ihre Angehörigen anzuwenden. Vater war „ein Fels und eine Burg", und von Mutter galt: „Ihre Wege sind die Wege der Freundlichkeit, und all ihre Pfade sind voll Frieden."

Eines Tages muß ich schön werden, dachte sie oft, denn Vater sagt, ich sehe aus wie Mutter, als sie in meinem Alter war, drüben in Devon. *Devon!* das Wort klang ähnlich wie *heaven*, Himmel, und die Eltern sprachen es immer mit Rührung aus.

Priscilla stand auf, sehr vorsichtig wegen des Buchs und der Tinte, und verbeugte sich vor ihrer Mutter.

„Rege dich, meine Tochter" — wenn Mutter sehr ernst war, redete sie immer wie die Heilige Schrift, — „du weißt, wir müssen früh am Morgen aufbrechen, denn wir haben über hundert Meilen zu gehen."

Wenn man Mutter so reden hörte, konnte man meinen, sie müßten die hundert Meilen an einem Tage gehen! Vater hatte sie gestern abend beruhigen müssen: „Nun, wir machen immer bloß einen Schritt auf einmal."

„Alles ist soweit fertig", sagte Priscilla.

„Dann denk über dich selbst nach, Priscilla." Mutters Stimme war seltsam feierlich. „Du verläßt jetzt dieses gute Dorchester, wie wir und unsere Freunde ein noch teureres Dorchester und Devon verlassen haben. Behalte diesen Raum in teurer Erinnerung", fuhr sie fort. „Hier zogen dich deine Eltern auf. Hier fanden sie die Freiheit. Hier wurde dein Bruder geboren."

Die Stimme versagte ihr, und sie ging leise hinaus.

Federbetten, Kopfkissen, die meisten Wolldecken und die gewirkten Bettdecken, die schweren Töpfe und Pfannen, das Spinnrad und andere bewegliche Habe waren schon auf Pferde- und Ochsenrücken an die See gebracht worden, ebenso die schöne Messingwärmflasche, Mutters Webstuhl und der große flache Topf mit dem eingepökelten Rindfleisch. All der Hausrat war auf den braven Küstensegler verladen worden, die *Taube*.

Während der vergangenen Monate hatte Priscilla mancherlei über die Reisepläne gehört, besonders durch ihren Vater und durch Roger Crisp.

„Wenn das Schiff einen Monat vor unserem Abmarsch lossegelt", hatte Vater erklärt, „so kann es diesen Weg nehmen." Er hatte einen Holzspan ergriffen und damit die Fahrstrecke auf der Landkarte verfolgt, die er mit Kohle auf eine Holzplatte gezeichnet hatte. „Hier ist der Abfahrtshafen." Er zeigte nach rechts. „Nun geht es so die Küste entlang", die Hand beschrieb einen Bogen, „und hier fährt es in die Mündung des Connecticut ein." Der spitze Span zeigte jetzt fast genau nach Norden.

Roger Crisp hatte in seiner ruhigen, entschiedenen Art zugestimmt: „Ja, die *Taube* dürfte schon in der Nähe der Siedlung sein, ehe wir abmarschieren."

Die *Taube* hatte Vorräte an Bord, die, wie sie hofften, bis zum Frühling für die über fünfzig Menschen zählende Gruppe ausreichen würden. Die Schiffsmannschaft bestand aus sechs Leuten, darunter der nette Pat Hennessy, ein Ire. Die anderen stammten alle aus Devon: William Sackwell, Ben Capen, Timotheus Croft, Thaddeus Dean und Eben-Ezer Enright, von dem es hieß, er habe trotz seines Buckels die stärksten Arme in der ganzen Kolonie.

Priscilla war fast immer beim Verladen dabeigewesen. Da waren Säcke mit gutem Maismehl, mit Weizen, Roggen und Gerste angefahren worden, sowie Heubündel und getrockneter Mais für das Vieh — genug, um ein Jahr damit auszukommen. Jede Familie hatte ihren besonderen Platz auf dem Schiff, und jedes Gut trug auf einem einfachen Schildchen den Namen des Besitzers.

Priscilla hatte der Mutter geholfen, die Pökelschinken, die getrockneten Karotten und Rüben aufzuschichten, und war ihr auch zur Hand gegangen beim Verpacken der geräucherten Schweinswürste in Krüge voll hartem Schweineschmalz. Da waren die Gläser mit eingemachten Früchten und Beeren, so süß, daß sie nicht verderben würden und nur mit Papier verschlossen zu werden brauchten. Außer dem unvermeidlichen Trockenfleisch und gepökelten Fisch gab es auch eine Menge getrocknete Äpfel, Honig, Ahornzucker und Kräuter, die aus englischen Samen gezogen waren, Basilikum, Thymian und Majoran.

Als die Schiffsbesatzung um eine Katze gebeten hatte „fürs Glück und die Ratten", hatte Priscilla ihre Queen Bess hergegeben. Da hatte es einmal in einer stürmischen Nacht an ihrer Tür gekratzt — zu leise für einen Wolf, hatte Vater gesagt —, und dann war eine hübsche goldgelbe Katze hereinspaziert, wohlgenährt und gesund, mit buschigem Schwanz und prachtvollem Haar, das sich wie eine Krause um ihren Hals legte — und mit einem Ausdruck von hochmütiger Verachtung. Niemand wußte, woher sie kam. Sie nannten sie nach der guten Königin, die gestorben war, als Vater gerade zwei Jahre zählte.

Priscilla versuchte, nicht mehr an das Schiff und die Katze zu denken und zu tun, was man ihr gesagt hatte. Sie schaute sich nach allen Seiten um.

Vor allem wollte sie nicht den riesigen steinernen Kamin vergessen, der fast die ganze Breite des Hauses einnahm und so geräumig war, daß Vater darin aufrecht stehen konnte. Der mächtige Querbalken aus grünem Holz, der von einer Kaminseite zur andern reichte, war angekohlt, aber noch stark genug, um die vier schweren Töpfe zu tragen, die fast immer daran angehakt waren.

Heute hing nur ein einziger Topf daran. Obwohl er zugedeckt war, stieg Priscilla der leckere Duft des Schmorgerichts in die Nase: Rindfleisch und wilder Truthahn mit Zwiebeln, süßen Bohnen und Kräutern. Mutter hatte die guten Dinge in den Topf getan, bevor der Tag des Herrn begann. Es war daher keine richtige Arbeit mehr zu tun, jetzt, da das alles über dem Kohlenfeuer sachte zusammenschmorte. Vater nahm es ernst mit der Heiligung des Sabbats, aber er sagte auch: „Der Herr hat uns unseren *Verstand* gegeben, daß wir ihn gebrauchen", und in einem brodelnden Kochtopf konnte er auch an einem Feiertag keine Sünde sehen.

Ein Kessel mit Wasser stand unmittelbar auf den Kohlen, und in einer „Spinne" — einem Tiegel auf Beinen — wurde eben das letzte Ei gesotten, das am Morgen aus dem Nest genommen worden war. Die meisten Masthühner schwammen schon mit der *Taube*.

Die mächtigen steinernen Backöfen rechts und links des Kamins standen offen, die Türen hingen in ihren Scharnieren. Gestern hatte Mutter gebacken. Ein Feuer von trocknem Holz hatte drin gebrannt, so lange, bis die Steinwände glühend heiß waren. Nachher waren die Kohlen herausgescharrt und der innere Boden mit einer Truthahnfederbürste an langem Stiel sauber ausgefegt worden — bei dieser Arbeit mußte Mutter immer das Gesicht abwenden und die Augen mit der Hand bedecken. Mit einer langen Brotschaufel schob sie die frischen, duftenden Brotlaibe mit geübter Hand in den Backofen — manchmal stellte sie auch Töpfe mit Bohnen hinein oder Pasteten mit Früchten oder Beeren.

Und nun waren die leeren Öfen reingefegt worden. Das Brot für die Reise — jeder Laib in ein Leintuch gewickelt — lag aufgeschichtet in einem Korb. Auch ein Topf mit fertig gekochter Grütze stand da, einem herrlichen Gemisch aus verschiedenem Schrotmehl und Bohnen. Es würde sich in dem glasierten Steinguttopf tagelang halten. Und wenn es gefröre, konnte man es mit dem Beil in Stücke schlagen und nachher auftauen.

Priscilla schlug ihr Tagebuch auf und schrieb:

Leb wohl, du liebes festes Haus!
Gott segne den Flur, Gott segne das Dach,
Gott segne den Herd und das Gemach.

Sie war sich kaum dessen bewußt, daß sie eine Art Verschen schrieb mit einem Reim am Ende, wie sie es gern hatte.

Ja, es war ein festes Haus, nicht so ein Ding aus Lehm und Schlamm und Stroh wie manche andern. Heute, nach fünf Jahren, konnte sich Priscilla kaum noch an die ersten Monate in dem neuen Land erinnern, wo sie in einer Höhle an der Böschung über dem Fluß gelebt hatten. Aber sie wußte noch gut, oder es kam ihr wenigstens so vor, wie ihr Haus entstanden war. Alle Nachbarn hatten mitgeholfen. Es war aus halblangen Baumstämmen gebaut und die Ritzen waren mit Füllkeilen und Lehm verstopft worden. Es hatte auch einen Dachboden, der auf sechs kräftigen Balken ruhte, und zu dem eine Leiter hinaufführte. Das Dach bestand aus übereinandergreifenden Schindeln aus Birkenholz. Tür- und Fensterrahmen waren aus dem gleichen Holz und hingen in ledernen Angeln. Anfangs war auf der Rückseite des Hauses nur das weit vorspringende Dach gewesen. Aber als vor vier Jahren Samuel geboren wurde, hatte Vater Wände darum gezogen und so einen neuen Raum geschaffen, aus dem man in den ersten gelangen konnte.

Und sie hatten auch einen festen und haltbaren Boden unter den Füßen, der anfangs allerdings nur aus gestampfter Erde gewesen war. Im zweiten Jahr hatte Vater ein Holzpflaster gelegt aus weißen Kieferklötzen, die dicht nebeneinander gesetzt und mit Holzstiften verdübelt waren. Ein paar Tage lang hatte das Holz gesplittert, dann hatte Vater die Oberfläche abgehobelt, daß sie „glatt war wie Atlasseide", hatte Mutter gesagt. Priscilla hatte noch nie Atlasseide gesehen und gefühlt. Das mußte etwas Wunderbares sein — es klang so weich und reich.

Einige Möbelstücke waren fest eingebaut. Das große Bett der Eltern — wie auch das kleinere im Anbau — war eigentlich eine zwei Fuß hohe Plattform, die wie ein Bordbrett an der Wand anschloß und deren vordere Ecken auf Pfosten ruhten.

Sie hätte gern gewußt, ob die Jungen und Mädchen, die jetzt einziehen würden — Obadja, Aaron, Hopestill und Hanna Stanhope — das Haus auch so liebgewinnen würden. Vor sechs Wochen war der Verkauf abgeschlossen worden. Vater und John Stanhope waren übereingekommen, daß zwei Ochsen ein angemessener Preis für das Haus seien. Als Vater noch die Stühle und Hocker zugab, hatte John Stanhope den Grants einen Sattel für ihr Pony geschenkt und lederne Seitentaschen dazu.

Die neuen Ochsen namens Hektor und Ajax waren bereits als Gepäckträger ausgebildet worden. Anfangs hatten sie ausgeschlagen und versucht, die Last abzuwerfen. Aber Vater hatte ihnen über die Ohren gestrichen und sie auf die Flanken geklopft mit seinen festen Händen, die alle Tiere zu lieben schienen. Er machte sich viele Gedanken über das Beladen. Er sagte, vernünftig und gütig wie er war: „Es ist mit den Ochsen wie mit den Menschen. Es kommt weniger darauf an, wieviel einer tragen kann, als darauf, wie man die Last am besten verteilt."

Und Samuel hatte sich sogar schon im Reiten geübt! Er war ja ein stämmiger und selbstbewußter kleiner Bursche, aber eben doch kaum vier Jahre alt, und man konnte noch keine großen Märsche von ihm verlangen. Er hatte gelernt, sich an den Ohren des Ochsen festzuhalten, wenn dieser Miene machte zu stolpern oder auszurutschen, und er wußte, daß er die Knie fest gegen das Tier pressen mußte, um fest und sicher zu sitzen. Samuel hatte seine eigene Art, mit den Ochsen zu reden. Meist zog er eins der strammen Ohren zurück und flüsterte etwas hinein. Dann schien das Tier verständnisvoll zu lächeln, weil Samuel ihm ein Geheimnis anvertraut hatte.

Alle Tiere lieben Vater und Samuel, dachte Priscilla; ich glaube, sogar der Vielfraß, den die Indianer einen Teufel nennen, hätte sie lieb, falls er sie kennenlernen sollte.

Sie wurde in ihrem Grübeln durch einen zottigen Schäferhund unterbrochen, der durch die offene Tür hereinsprang. Er rannte auf sie zu und zitterte vor Wonne, als er sich an ihre Beine schmiegte und ihr die Hand leckte.

„Goliath, mein Lieber", sagte sie, „gib auf mein Tagebuch acht!"

Goliaths Fell war größtenteils weiß, der Rücken aber und der stolz getragene Schwanz von tief goldbrauner Farbe. Er hatte einmal einen Wolf getötet! Sie strich über die haarlose Stelle an seiner Flanke, wo der Biß des Wolfes eine Narbe hinterlassen hatte. Den blutigen Wolfskopf hatte man damals, wie es Sitte war, an die Tür des Gemeindehauses genagelt.

Und nun kam, wie helles Licht in einen dämmrigen Raum, Vater herein, gefolgt von Samuel, der eifrig mit ihm Schritt zu halten suchte. Der Kleine hatte die gleichen eckigen Schultern, die gleichen leichten und anmutigen Bewegungen und die gleiche kühne Kopfhaltung wie sein Vater. Sogar die auffallende Locke an der linken Schläfe hatte er von ihm.

Auch in der Kleidung war er das genaue Abbild des Vaters. Weibischer Putz mit Krausen und Spitzen bei einem Jungen — lächerlicher Gedanke in diesem Haus! Nein, er trug einfache, bis zum Knöchel reichende braune Hosen mit Ledergürtel und ein weites, hausgewebtes gelbes Hemd, das trotz Wind und Sonne seine Farbe behielt. Und wie die Männer pflegte Samuel unter dem Hemd allerlei Kram herumzuschleppen. Diesmal zog er eine Schleuder hervor. „Wie David seine", erklärte er.

Vaters dunkelbraunes Haar fiel weich zu beiden Seiten der hohen Stirn herab, die eine widerspenstige Locke ausgenommen, und reichte ihm hinten bis auf den Kragen. „Ich mag die Rundköpfe nicht", hatte ihn Priscilla sagen hören. „In meinen Haarschnitt hat mir kein Mensch dreinzureden, kein König und kein Abgeordneter."

Vater sagte seine stets reiflich überlegte Meinung immer geradeheraus. Viele puritanische Männer trugen sommers und winters ihr Haar rundherum abgeschnitten, als ob der Barbier mit einer umgestülpten Schüssel das Maß dazu genommen hätte. Im Sommer aber mußte Tidwell, der Barbier, Vater das Haar kurz schneiden, wenn aber die kalten Tage kamen, ließ er es wachsen. Dann hüllte es wie ein Pelz den Nacken ein und hielt ihn warm. „Religion hat nichts mit Haarschnitt zu tun", sagte er wohl. „Wozu habe ich meinen Verstand?"

Inzwischen hatten Samuel und Goliath eine Balgerei angefangen und wälzten sich über den Boden. Vater sah ihnen mit nachsichtigem Lächeln zu. Als früher einmal bei einem solchen Ringkampf Samuel vor Freude jauchzte, hatte Priscilla gefragt: „Meint Pastor Gallop so was, wenn er von Übermut spricht?"

Vater hatte gelächelt und geantwortet: „Pastor Gallop hat wenig Freude am Leben. Mach dir keine Kopfschmerzen darüber, Priscilla. Die Schrift sagt: ‚Freut euch mit den Fröhlichen'."

Nach dem Trubel der Reisevorbereitungen lag eine ungewohnte Stille über dem Haus. Vater und Tochter saßen nebeneinander auf der Bank und sahen Samuel zu, der mit Goliaths Ohren spielte. Da geschah etwas, das nicht oft vorkam. Vater legte seine harte, starke Hand auf ihre Hände, und Priscilla spürte, daß sie an seiner Liebe und seinem Vertrauen niemals zweifeln würde.

Der letzte schöne Tag in Dorchester würde bald vorbei sein.

Als Mutter gegen Abend zurückkam, zündete sie zwei große Kienspäne an, steckte sie in den metallenen Halter und sah bei Fackelschein nochmals das Gepäck durch. Fast alles war verpackt, nur die Decken, die noch auf den Betten lagen, die glasierten Steingutkrüge mit Ale und Bier zum Trinken, ein leichter Kessel und ein Tiegel zum Abkochen kamen dazu. Außerdem war da noch ein Teekessel zum Wasserkochen.

Daffodil, die gelbe Kuh, würde noch allerhand auf ihren breiten

Rücken nehmen müssen — aber keinem würde es einfallen, auch Daisy, ihrem munteren Kälbchen, etwas aufzuladen.

Immer wieder waren die einzelnen Traglasten um dies und das vergrößert oder verringert worden, bis sie genau richtig auf den Rücken von Mensch und Tier paßten — ein wenig schwer für den Anfang, aber es mußte gehen, und unterwegs würden sie von selbst leichter werden.

Samuel würde nur einen Anzug zum Wechseln zu tragen haben und einen kleinen Vorrat an Brot und Käse. Priscillas Rucksack enthielt ein Gewand aus Hirschleder mit Fransen an Rock und Ärmeln, bequem beim Tragen und weit genug, um über das Kleid gezogen zu werden, das sie jetzt anhatte und auf der ganzen Reise tragen sollte. Sie würde auch einen Pelzumhang mitnehmen und eine Kapuze. Beides hatte die Mutter aus Tierfellen angefertigt, mit der Haarseite nach innen. Das hatte man den Indianern abgeguckt. Mutter hatte auch wollene Handschuhe gestrickt, die weit über das Handgelenk reichen. Bei dem milden Oktoberwetter würde sie zunächst bloß in ihren indianischen Mokassins laufen, aber es würde nicht lange dauern, dann kämen die langen Wollstrümpfe zu Ehren und später die schweren Schuhe, die Giles Harrington ihr letztes Jahr angemessen hatte — groß genug, um auch nach drei Jahren noch zu passen.

Auch einige Eßwaren gehörten zu ihrem Gepäck, ein brauner Brotlaib, in dicke Scheiben geschnitten, hartgekochte Eier, vier Äpfel und ein Büchschen mit Salz. Dazu kam noch ihr weißer Holzteller.

Mutter würde außer ihren eigenen Sachen noch einen Pelzumhang für Samuel tragen sowie in einem besonderen Bündel alte Wollsocken für sie alle. Sie waren mit Klauenfett getränkt und würden ihre Füße vor dem Erfrieren bewahren, falls sie durch eiskaltes Wasser waten müßten.

Priscilla hatte eine weitere Kienfackel entzündet und schaute beim

Schein des Feuers und der drei flackernden Flammen in die drei geliebten Gesichter. Mutter teilte das Essen aus. Jeder hatte seinen Löffel. Samuels Eßwerkzeug bestand aus einer Muschel, die auf ein Stäbchen aufgesteckt war. Mutter hatte einen schweren Silberlöffel, ein Hochzeitsgeschenk. Priscillas und Vaters Löffel waren aus demselben Holz wie ihre Teller. Vater brach das Brot und reichte jedem ein ordentliches Stück. Zu trinken gab es Apfelwein, dazu etwas Ahornzucker, den man dabei lutschte, um das Getränk süßer zu machen. Das war alles.

Am liebsten hätte Priscilla das gemütliche Abendessen noch in die Länge gezogen, denn sie wußte, daß lange, schwere Tage vergehen würden, ehe sie wieder in dieser Sicherheit und Ruhe zusammensein konnten. Und sie wußte auch, daß das Haus in Connecticut nicht so schön sein würde wie dieses.

Endlich stand Vater auf, und alle erhoben sich. Er las einige Sätze aus dem anglikanischen Gebetbuch, das er seit langem für den Abendsegen benutzte, obwohl die Puritaner von diesem Buch nichts mehr wissen wollten und einige es sogar für Teufelswerk erklärten. Priscilla fand die Worte wunderschön:

„Ob Licht oder Finsternis, wir flehen zu dir, o Herr, du wolltest uns in deiner großen Gnade behüten vor aller Drohung und allen Gefahren dieser Nacht um der Liebe deines eingeborenen Sohnes, unseres Heilands Jesu Christi willen. Amen."

Zuletzt legte Vater seinen kostbarsten Besitz, seine Bibel, neben das Gewehr, das über dem Sattel lag. Die Bibel würde er selbst tragen, denn er wollte ihnen jeden Tag daraus vorlesen. Sie würde in einen festen wildledernen Beutel kommen mit einem langen Schulterriemen daran. Vater hatte oft gesagt: „Daß wir immer die Bibel zur Hand haben und Gottesdienst halten, ist ebenso wichtig, wie daß wir glücklich ankommen."

Im Nebenraum schlüpfte Priscilla aus dem Kleid und den Mokassins und half Samuel, seine Sachen auszuziehen. Dann kamen sie zurück und traten an den Herd. Jedes streckte die nackten Füße aus, und Mutter goß kaltes Wasser darüber, das sie in einem Becken auffing. Sie wußte selbst nicht recht, ob sie das wegen der Reinlichkeit oder wegen der Gesundheit tat. Aber da sie einmal damit angefangen hatte, blieb sie bei diesem Brauch; und die Kinder mochten das frische kühle Gefühl gern, das sie dabei empfanden.

Goliath hatte inzwischen seine Schüssel ausgefressen und Wasser geschleckt, nun legte er sich in dem Durchgang zwischen den beiden Räumen auf den Boden. Aber er schlief nicht gleich ein. Er beobachtete sie aufmerksam und schaute immer wieder umher, als ob auch er sich dieses Bild für alle Zeit einprägen wollte.

Priscilla und Samuel lagen im Dunkeln auf den Wolldecken, die über dem Tannenreis ausgebreitet waren. Die Zweige stachen kaum! Die Decken dufteten nach Lavendel, den Mutter während der heißen Zeit dazwischengelegt hatte. Priscilla dachte daran, wie froh sie sein würde, wenn sie erst wieder in ihrem weichen Federbett schlafen könnte — in Connecticut. Sie sprach dieses Wort, als sei es eine Zauberformel: *Con-nec-ti-cut*. Und sie wiederholte immer wieder den indianischen Namen ihrer neuen Heimat: *Matteanang*.

Noch andere Worte kamen ihr in den Sinn, wenn sie diesen Tag überdachte, so die Gebetsworte „Drohung und Gefahren dieser Nacht". Sie wußte, was sie bedeuteten. Eines Nachts — als die Wände noch nicht abgedichtet waren —, hatte ein hungriger Wolf doch tatsächlich seine Klaue durch die Balken gesteckt und ihr das Bein zerkratzt!

Aber deutlicher als an alles andere erinnerte sie sich an das Stöhnen, das in einer anderen Nacht an ihr Ohr gedrungen war — kaum vernehmbar freilich —, denn draußen tobte ein wütender Schneesturm. Vater hatte seine Walöl-Laterne angezündet und die Tür geöffnet, durch die sofort der Wind mit eisigem Hagelgestöber einbrach. Dann hatten er und Mutter einen jungen Indianer hereingeschleppt, der halbtot auf der Schwelle gelegen hatte.

Vater hatte Heu vor dem Feuer ausgebreitet und ihn darauf gebettet, bis der beinahe Erfrorene wieder zu sich kam. Der Indianer hatte eine große eiternde Wunde am rechten Knie, und der linke Knöchel war eine einzige blaue, geschwollene Masse. Vater hatte sein Messer saubergemacht, die Wunde aufgeschnitten und den Eiter ablaufen lassen. Dann hatte er dem Bewußtlosen ein paar Tropfen Branntwein eingeflößt, die er noch in seiner Seekiste aufbewahrte, und die ganze Nacht bei ihm gewacht.

Mutter fütterte ihn später mit Kraftbrühe und Maisbrei oder dickem Haferschleim mit gelben Butterklümpchen darin. Er schlief fast die ganze Zeit auf dem Heu unter einer Wolldecke. Am fünften Tag war er so weit bei Kräften, daß er „Freund!" sagen konnte und „Ich bin Roter Hirsch". Am sechsten Tag, einem Sabbat, war er ohne ein Abschiedswort verschwunden. Drei Tage später erschien er wieder an der Tür. Er legte Mutter zwei schöne gegerbte Biberfelle zu Füßen und einen großen roten irdenen Topf mit enthülstem Mais. „Roter Hirsch", sagte er, „Freund. Du mich brauchen, ich kommen." Damit war er wieder gegangen.

Aber warum dachte sie heute abend über diese Dinge nach? Weil sie die Ereignisse dieses letzten Tages in der Siedlung, die ihr fünf Jahr lang Heimat gewesen war, in treuer Erinnerung behalten wollte. Den Gottesdienst würde sie gewiß nicht vergessen. Da war Pastor Laneham, würdig anzuschauen in seinem schwarzen Talar mit den schönen weißen Leinenbändern unter dem Kinn und an den Ärmeln. Sie waren alle aufgestanden, wie immer, als ihr Pastor und seine Frau eintraten, und stehen geblieben, bis beide ihren Platz vor der Gemeinde eingenommen hatten. Pastor Laneham hatte über den Auszug der Kinder Israel gesprochen, die erst unter Mose und später unter Josua ein neues Land suchten. Ebenso, sagte er, seien die Leute aus Dorchester und Devon nach Massachusetts gekommen auf dem ersten Teil ihrer Reise, und jetzt würden viele von ihnen in ein neues Land am Connecticut weiterwandern. Auch sie würden eine Wildnis vorfinden. Auch sie müßten auf Gott vertrauen.

Der Gemeindeälteste drehte zum erstenmal das Stundenglas um, aber nur wenig Sand war in das zweite Glas gelaufen, als der Morgengottesdienst beendet war. Das Gebet hatte fast eine halbe Stunde gedauert. Sie würde sich immer erinnern, wie Vater dagesessen hatte, den rechten Fuß gegen die vordere Bank und den rechten Ellbogen auf das rechte Knie gestützt, das Kinn in der Höhlung der rechten Hand. Sie würde nie vergessen, wie er ausgesehen hatte — die milde, hohe Stirn, die sonst so wachsamen Augen geschlossen, das Gesicht entspannt. „Beten stärkt die Seele", pflegte er zu sagen. „Beten ist wie Wein."

Gebet wie Wein — Connecticut — ein Land von Milch und Honig — Priscillas Gedanken begannen sich zu verwirren. Die Lider wurden ihr schwer. Sie streckte sich lang aus in ihrem Bett, wie es sich für ein wohlerzogenes Mädchen gehörte, und schlief ein, mit der Hand auf Goliaths Kopf, der sich an sie geschmiegt hatte.

Das Geräusch, das Priscillia weckte, kam nicht von dem Wind, von dem sie geträumt hatte, sondern von Goliaths Schwanz, der auf den Fußboden klopfte. Sie schlug die Augen auf. Es war noch dunkel im Zimmer, aber sie hörte die Eltern herumhantieren. Und dann erkannte sie die Umrisse des Raumes und auch Samuel, der noch schlief, während Vater das glimmende Feuer schürte.

Es war Tag geworden. Nie wieder würde sie in Dorchester erwachen — wenigstens nicht als zwölfjähriges Mädchen!

Sie nahm ihr gelbes Kleid von den beiden Haken, an denen sie es aufgehängt hatte — jeden in einem Ärmel, damit es keine Falten gab —, streifte es über und knöpfte es vorne zu. Sie war froh, daß sie ihr Haar schon tags zuvor hundertmal gebürstet und sauber geflochten hatte. Sie legte sich die beiden Flechten um den Kopf, fast genau so, wie Mutter sie trug. Sie schlüpfte in ihre Mokassins und benetzte ihre Augen mit kaltem Wasser aus dem Becken auf dem Wandbord, um die letzte Müdigkeit zu vertreiben.

Samuel gähnte.

„Beeil dich, Samuel", sagte sie zärtlich. „Komm, ich helf' dir. Du mußt mit einem sauberen Gesicht abmarschieren", fügte sie hinzu und fuhr ihm mit einem feuchten Lappen über sein Gesicht, während er sich streckte und dehnte.

Noch einmal wurden die Holzteller mit Gemüse und Fleisch gefüllt, das die Nacht über auf einer Ecke des Herdes geschmort hatte. Das braune Brot wurde gebrochen und verzehrt, dazu gab es Apfelwein. Dann sprachen sie stehend das Dankgebet.

Vater führte Trueblood heraus, das Pony, und Daffodil und Daisy und die Ochsen und fütterte und tränkte sie. Daffodil schlug mit dem Schwanz und rollte unruhig die Augen. Sie spürte die allgemeine Erregung.

Nun war der letzte Packen verschnürt, der letzte Riemen angezogen, das letzte Bündel geschultert oder gut auf dem Rücken der Tiere befestigt. Vater steckte seine Bibel, die Genfer Bibel wie er sie nannte, erst in ein sauberes Leintuch, dann in den wildledernen Beutel und legte den Riemen über die Schulter. „Zwei Freunde", sagte er. „Mein Gewehr auf der Schulter und meine Bibel an der Hüfte."

Die ersten Sonnenstrahlen röteten den östlichen Himmel, als die Familie aus dem Haus trat.

Goliath stand neben Priscilla, zitternd vor Erwartung. Er hatte sich vom Schafhüten beurlaubt und die drei Mutterschafe — Glaube, Liebe und Hoffnung — sowie den alten Schafbock Samson dem andern Schäferhund übergeben, einem schwarzweißen Collie namens Argus; die beiden schienen eine Art Zeitplan für ihre Pflichten gemacht zu haben.

Sämtliche Schafe — ihrer dreißig an der Zahl — waren George und Josua Gridley anvertraut worden, zwei stattlichen Burschen von vierzehn und sechzehn Jahren, bereits erprobten Schäfern. George trug ein Gewehr und Josua einen Hirtenstab. Manche Schafe hatten ein Brandmal, aber Vater hatte gesagt: „Überflüssig! Das Brennen ist eine Grausamkeit. Goliath wird unsere Schafe schon herausfinden, falls wir sie nicht erkennen, und keiner wird ihm dreinreden."

Sie standen noch einen Augenblick schweigend vor der Tür, aber es gab keinen feierlichen Abschied. Nur Mutter strich wie liebkosend über den Türpfosten, und nach ihr Priscilla, und ihre Blicke begegneten sich. Vater nahm das Gewehr auf die Schulter und schritt voran. Samuel, dem als einzigem leicht ums Herz war, zauste Goliath am Fell und gab Daffodil einen Klaps auf die Flanke.

Die Tür schnappte ein, und der Klinkenzug schwang hin und her. Bald würden Stanhopes dieses Haus ihr Heim nennen.

October 15
"It's a pilgrimage"

Es ist eine Pilgerfahrt

Die Auswanderer und ihre zurückbleibenden Freunde versammelten sich auf dem Platz, an dem die meisten Wohnhäuser standen. Es gab besorgte Gesichter, und auf andern malte sich gespannte Erwartung. Aber alle sahen verändert aus im Dämmerlicht dieses Morgens, nicht einer trug eine unbekümmerte Alltagsmiene zur Schau.

Adam Stanhope, ein schlaksiger Dreizehnjähriger, drängte sich heran. „Leb wohl, Priscilla. Ich werde an dich denken!" Priscilla wußte, daß es ihm ernst damit war, denn er sprach mit biblischer Feierlichkeit. Dann drückte er ihr etwas in die Hand, ein Taschenmesser mit vier Klingen, das, wie sie wußte, sein liebster Besitz war. „Nimm's zum Andenken", murmelte er.

„Aber Adam, das kann ich nicht annehmen", sagte sie freundlich. „Ich hab' ja schon einen scharfen Dolch — sieh mal!" Sie zeigte auf das Lederfutteral, das links in ihrem Gürtel stak und an einem gewirkten Band hing, das über ihre rechte Schulter lief. „Aber ich will an dich denken", fügte sie hinzu.

Giles Harrington überreichte ihr einen dünnen Lederriemen, ungefähr zehn Fuß lang, und bemerkte: „Den wirst du brauchen können!"

„Das glaub' ich sicher", erwiderte Priscilla, „danke schön!" — obwohl sie im Augenblick nicht recht wußte, was sie damit anfangen sollte. Schließlich schlang sie ihn lose um ihren Gürtel und knotete die Enden zusammen.

Ein Kind schenkte ihr ein Päckchen mit Lebkuchen, ein anderes einen Apfel, ein drittes ein Stück Ahornzucker, in purpurrotes Papier eingeschlagen. Und irgendwie brachte sie es fertig, all diese Gaben in ihren Kleidern zu verstauen. „Jetzt bin ich mit guten Dingen beladen wie ein Weihnachtsbaum", sagte sie.

Ein Weihnachtsbaum! Wie kam sie darauf? Es war ihr einfach so eingefallen. Sie wußte noch, wie ein Weihnachtsbaum ausschaute — drüben in England natürlich. Denn hier hatte es keinen mehr gegeben, in diesem ernsten und strengen Land. Die puritanischen Geistlichen, Pastor Gallop zum Beispiel, waren ganz dagegen, und ebenso die gestrengen Gemeindeältesten wie Roger Crisp und Michael Allen. Vielleicht in Connecticut . . .

In den wenigen Augenblicken, die ihnen noch blieben, hörte Priscilla aufmerksam auf die Gespräche der Erwachsenen.

„Seid ihr sicher, daß ihr genug zu essen habt?" fragte Daniel Symonds. Er war vom Bett seiner kranken Mutter gekommen, um seinen Freunden Lebewohl zu sagen. Die meisten von ihnen kannte er seit ihrer Überfahrt auf der *Mary and John.*

„Nun ja", sagte Roger Crisp in dem gemessenen Ton, der auf Priscilla immer so feierlich wirkte, „wir hoffen es". Dieser gute alte Freund der Familie, den wieder sein ewiges Zipperlein plagte, war nur ein paar Jahre älter als Vater, aber sein gesprenkelter Bart und das ergrauende Haar, das er nach Art der Rundköpfe trug, ließen ihn weit älter erscheinen. „Wir haben mehr als genug für die zehn oder zwölf Reisetage", fügte er hinzu. „Und dann wird ja die *Taube* eines Tages dort sein mit den Vorräten."

„Wir werden einiges Wild jagen — vielleicht auch Hirsche." Henoch und David Gridley sagten es fast gleichzeitig, was bei ihnen oft vorkam. Henoch war ein stämmiger Bursche von achtzehn Jahren mit wahren Muskelpaketen und flammendrotem dichtem Kraushaar. David, der untersetzt war und strohfarbenes Haar hatte, galt schon mit zwölf Jahren als einer der besten Schützen.

„Habt ihr keine Angst, daß das Wetter umschlägt?" Daniel war ein unverbesserlicher Schwarzseher.

„Nicht mehr als notwendig", antwortete Matthäus Grant. „Wenn dieser Winter so wird wie die letzten fünf, wird der Große Fluß — oder Connecticut, wie sie ihn heißen — nicht vor Anfang Dezember zufrieren."

„Und wie ist es mit den Indianern?" David ließ nicht locker!

„Darüber ist genug geredet worden", sagte Maleachi Upsall. Mit seinen zweiundzwanzig Jahren war er der jüngste von den verheirateten Männern. Er war ein tüchtiger Arbeiter, Gerber seines Zeichens, und mit Energie geladen. Er hatte ein pausbackiges Gesicht, und in seinen braunen Augen spielten goldene Lichter.

„Hast du Angst, Martha?" Die Frage galt seiner jungen, pausbackigen Frau, die mit ihrem blonden, rotwangigen Söhnchen neben ihm stand. Der zweijährige Mal stak in einer Art Lederzeug, das ihn wie ein kleiner Harnisch umgab. „Denn", hatte die Mutter erklärt, „wenn wir ihn nicht von vornherein in Schach halten, ist er noch vor uns in Connecticut." Sie half dem Jungen auf einen Ponyschecken, den sein Vater am Zügel hielt.

„Nein, mein Mann", erwiderte sie. „Ich habe zugehört, wie die älteren Männer davon sprachen. Die Neponsets oder Narrangansets, wie einige sie nennen, sind unsere Freunde. Sie verdanken ihr Land den freundlich gesinnten Massachusetts."

Maleachi pflichtete ihr bei. „Ja, Chicatabot, ihr Häuptling, war uns eine große Hilfe. Bekanntlich starb er aber vor zwei Jahren an den Pocken."

„Jetzt ist sein Bruder Häuptling", sagte Michael Allen, der hinzugetreten war, ein hagerer Mann mit weichem, dünnem Blondhaar, das nach Rundkopfart geschnitten war. „Er heißt Cutshumaquin" — er sprach die Silben ganz langsam, als ob ihm der Name Vergnügen machte —, „aber er ist als Roter Hirsch bekannt. Er ist unser Freund."

Roter Hirsch! Priscilla erinnerte sich des schönen jungen Indianers, der an ihrem Feuer gelegen hatte!

„Aber wir wollen uns nicht zu sehr in Sicherheit wiegen", fügte ihr Vater hinzu. „Die Pequots und die paar Mohawks, die noch übrig sind, sind unsere Todfeinde. Aber sie leben weit im Süden, und wenn sie nicht gerade einen Kriegszug planen oder einen Hinterhalt . . ."

„Wir sind alle beisammen, siebenundfünfzig Seelen", verkündete Pastor Laneham mit seiner klaren, zuversichtlichen Stimme. Er schien eher einer der Ihren zu sein, wie er dort stand in seinen Wildlederhosen und dem grünen Hemd statt des gewohnten Talars. Er hatte eine Liste in der Hand und überprüfte die Namen. „Wir wollen losziehen, wie wir es im Rat beschlossen haben. Ohne weitere Umstände."

Es war eine richtige Prozession. Der zweiundzwanzigjährige Silas Wheelwright auf seinem muntern schwarzen Pony setzte sich an die Spitze. Er sollte voraustraben, um rechtzeitig vor etwaigen Gefahren warnen zu können. Er warf den breitkrempigen Hut zurück und ließ ihn an einem Riemen über die Schultern hängen. Sein schwarzes Haar schimmerte wie Rabenschwingen im frühen Morgenlicht.

„Soll ich mit dem Gewehr das Zeichen zum Abmarsch geben, Sir?" fragte er den Pastor. „Oder soll ich ins Jagdhorn stoßen?"

„Nein, spar deine Kugeln und mach keinen unschicklichen Lärm."

Dann kamen die Schafe mit den Gridleys und den Hunden, und gleich darauf Benjamin Wheelwright, Sila's jüngerer Bruder, auf einem hübschen Fuchs. Die Wheelwrights waren schon im vergangenen Sommer mit dabeigewesen und hatten in der neuen Niederlassung bereits eine Hütte errichtet; die wollten sie ausbauen, um ihre Eltern aufnehmen zu können, die voraussichtlich im Frühjahr nachkommen würden. Benjamin würde sich als „fliegender Notdienst" betätigen und überall hinreiten, wo er nötig war. „Wir sind gezwungen, die meiste Zeit im Sattel zu sitzen", sagten die Brüder entschuldigend, „aber wir werden unsere Pferde jedem zur Verfügung stellen, der sie braucht."

Nun folgten die Schweine — zwanzig ungefähr — in Reih und Glied, unter Henoch und David Gridleys besonderer Obhut, die wie ihre Brüder gut mit Tieren umzugehen wußten. Noch zwei ältere Männer, Markus Barland und William Makepeace, begleiteten die Tiere. Mose Gridley und Roger Crisp hatte man den Schutz des Zuges anvertraut, und sie hielten ihre Gewehre ständig schußbereit.

Schon vor Wochen waren die Pläne ausgearbeitet worden. Selbst die Tiere schienen zu begreifen, was diesmal von ihnen erwartet wurde. Jede Familie hatte — die Schafe und Schweine ausgenommen — ihr Vieh selbst zu versorgen. Ich bin froh, dachte Priscilla, daß wir Daffodil und Daisy und die Ochsen dabeihaben. Wenn ich müde bin, reite ich auf Hektor oder Ajax. Das sind gute Ochsen.

Die siebenundfünfzig Auswanderer hatten sich aus praktischen Gründen in zwei Gruppen geteilt. Mit Matthäus Grant als Führer, wollten die Familien Grant, Crisp, Gaylord, Gridley und Barland zusammen marschieren und lagern, solange keine anderen Pflichten auf sie warteten. Der wegen seiner strengen Rechtlichkeit hoch angesehene Michael Allen war zum Führer der andern Gruppe gewählt worden, zu der William Makepeace, Hiram Fowler, Bartholomäus Dyer und Maleachi Upsall mit ihren Familien gehörten.

Die Familie Grant eröffnete den Zug. Mutter ging neben dem Ochsen Hektor, auf dem Samuel saß, so daß sie sowohl den Jungen wie das Tier beruhigen konnte, falls einer von beiden kopfscheu wurde. Vater schritt recht finster dreinblickend—so kam es Priscilla vor — neben Trueblood her.

Pastor Laneham und die Seinen wollten abwechselnd bei den Gruppen kampieren oder sich dort aufhalten, wo sie benötigt wurden. Vorerst gingen sie mit den Grants. Frau Lanehams liebliches, kluges Gesicht war bleich und abgespannt und zeigte die Spuren einer eben erst überstandenen Krankheit. Sie ritt eine Schimmelstute und saß auf einem gepolsterten Sattel. Sie hielt Dorcas, ihr zweijähriges Töchterchen im Arm, ein zartes Kind mit goldenem Haar, das ihm über Stirn und Schultern fiel. Mutter und Kind hatten den Sommer über an einem schleichenden Fieber gelitten und kamen nur langsam wieder zu Kräften. Etwas Fernes und Fremdes lag um die hochgewachsene Frau. Der lange karminrote Umhang, der ihre Schultern umhüllte, hob sich kräftig ab von den weißen Flanken des Pferdes, das gestriegelt und gebürstet worden war, bis es vor Sauberkeit glänzte. Die kleine Dorcas hing noch ganz schlaftrunken über dem Sattelknopf. Sie trug ein gestricktes hellblaues Wollkleid und einen blauen Umhang, ganz wie eine junge Dame. Priscilla fand, daß das Rot und Weiß und Blau reizend zusammenpaßten.

Sie sah sich nach der Kuh und dem Kalb um, die ihr besonders anvertraut waren und sich heute ungewöhnlich brav benahmen. Sie hielt den Wanderstab fest in der Hand, immer bereit, ihnen nötigenfalls eins zu versetzen. Der Stab, den Vater ihr gemacht hatte, diente vielen Zwecken. „Den kannst du gut beim Zeltbau gebrauchen oder wenn eine Trage angefertigt werden muß", hatte er gesagt. „Du kannst auch ein wildes Tier damit abwehren oder dich über Gießbäche schwingen."

Eben hätte sie beinahe das Gleichgewicht verloren, zwei quiekende junge Schweine waren ihr zwischen die Beine gerannt, wild verfolgt von Henoch Gridley, dessen rötliches Haar im Morgenlicht funkelte.

„Entschuldige, Priscilla", rief er, „aber diese Biester scheinen vom Teufel besessen."

„So etwas sollte er nicht sagen", meinte Constance Barland. Sie und ihre Zwillingsschwester Patience nahmen es immer ein bißchen gar zu genau, fand Priscilla.

Die Zwillinge waren genau drei Monate älter als sie. Ihre Haut nahm ein tiefes Braun an — statt rot zu werden und aufzuspringen wie bei Priscilla —, das lange anhielt, obwohl sie ihm bisweilen mit Buttermilch zu Leibe gingen, um die Haut zu bleichen. Die beiden waren kaum voneinander zu trennen und trugen auch dieselbe Kleidung, ein rotes Kopftuch über dunkelbraunem Haar und ein einfaches rötlichbraunes Kleid mit Borten und mit Knöpfen, die aus London stammten.

Noch ein anderes ungefähr gleichaltriges Mädchen hatte sich Priscilla und den Zwillingen angeschlossen, und dieses vierblättrige Kleeblatt gedachte, fest zusammenzuhalten. Die vierte war Beth Gridley. Nie hatte Priscilla lustigere Augen gesehen als in diesem schelmischen Gesicht, das von kastanienbraunen Ringellocken umrahmt war. Beth trug ein hausgewebtes zitronengelbes Kleid mit Kragen und Aufschlägen aus weißem Leinen mit feinen Spitzen, die ihre Mutter gehäkelt hatte. „Du weißt ja, ich darf keine breiteren Spitzen haben", vertraute sie Priscilla an, „sonst nimmt mich der Gemeindeälteste beim Wickel."

Beth trug ein Körbchen mit einem gelben Kätzchen, das gerade zufrieden schnurrte. Goldi blickte immer etwas erstaunt drein.

„Ich konnte Goldi doch nicht zurücklassen", sagte sie. „Außerdem wird es in Connecticut Mäuse zu fangen geben."

Dann war noch eine Witwe in ihrer Gruppe, Frau Gaylord. Priscilla wußte noch, wie ihr Mann vor einem Jahr in der Bucht ertrunken war, und auch, daß alle gesagt hatten: „Aber sie hat liebenswerte Kinder, in ihnen wird sie Trost finden." Einer war Aaron, ein breitschultriger junger Mann von dreiundzwanzig Jahren, der sich den ersten Bart wachsen ließ, merkwürdigerweise einen ins Rötliche spielenden Bart im Gegensatz zu seinen dunklen Haaren und Augen. Dann Deliverance, ein stilles, braves, etwa zwanzigjähriges Mädchen. Deliverance galt als die beste Spinnerin von Dorchester. Ihr war die Aufgabe zugefallen, unterwegs die Kühe zu melken.

Beth is carrying her yellow kitten named Goldie in a basket.
Goldie always looks surprised.

Jeder wußte, daß sie mit Kaleb Allen verlobt war. Die beiden wollten heiraten, sobald die neue Niederlassung gegründet war.

Die andern Gaylord-Söhne, Seth und Joseph, etwa fünfzehn und sechzehn Jahre alt, waren mit ihrem Ochsen, der Kuh und dem stämmigen Arbeitspferd genügend beschäftigt.

„Wo kommt eigentlich dein Name her?" hatte Priscilla einst Seth gefragt.

„Aus der Bibel", antwortete er. „Der Herr ‚sät' nicht nach Menschenweise."

„Mein Name kommt auch aus der Bibel", bemerkte sie. „Priscilla und ihr Mann, Aquila, waren mit Paulus befreundet." Priscilla betonte die Namen so, daß sie sich reimten, obwohl sie wußte, daß Pastor Laneham sie anders aussprach. „Ist es nicht hübsch, wenn Eheleute Namen haben, die sich reimen?"

34

„Meiner würde sich mit Beth reimen", sagte Seth in komischer Verzweiflung.

Zwei Unzertrennliche waren die etwa vierzehnjährige Hopestill Crisp und die gleichaltrige Abigail Laneham. Dauernd mit seinen zwei widerspenstigen Ziegen beschäftigt war Preserved Crisp, der zehn Jahre zählte und bedeutend älter aussah. Priscilla hatte die Mutter einmal nach der Bedeutung von Preserveds Namen gefragt und erfahren, daß er eigentlich Henry Preserved-by-the-grace-of-God, der durch Gottes Gnade Bewahrte, heiße. Er wäre einige Stunden nach seiner Geburt beinahe gestorben, aber man hatte ihn am Leben erhalten, indem man ihn eine Zeitlang in einen warmen Ofen steckte.

Die Barland-Jungen, Barnabas und Jonathan, die mit ihren breiten Schultern schon sehr männlich wirkten, führten jeder ein schwer bepacktes Pferd am Zügel. Barnabas trug eine noch nicht ganz verheilte hakenförmige Schramme auf der linken Wange, und Jonathan hinkte ein wenig. Sie hatten bei der letzten Ernte einen Unfall gehabt. Beide hatten eine rosig-weiße Hautfarbe, die nach Mutters Ansicht „für Jungen viel zu schade war", und widerborstiges, kurzgeschorenes Haar, das fast überall vom Kopf abstand, weswegen sie sich selbst die „Stachelschwein-Brüder" nannten. Die strenge puritanische Haartracht liebten sie nicht. Beide trugen Flinten, und Jonathan hatte noch einen Bogen und einen Köcher mit Pfeilen umgehängt.

Die kleineren Crisp-Jungen, Gavin und Matthäus, saßen zusammen auf einem Ochsen. Anfangs steckten sie dauernd die Köpfe zusammen und schubsten einander, aber ein strenger Blick ihres Vaters genügte, sie zur Ordnung zu rufen. An ihrer Seite schritt die Mutter im grauen Kleid mit Umhang und schwarzer Kapuze, und dicht neben ihr ging schweigsam die elfjährige Grace, schön anzusehen mit ihrem zarten Blondhaar. Sie trug einen um Hals und Ohren geschlungenen langen blauen Schal, denn sie hatte erst kürzlich an einem schlimmen Ohrgeschwür gelitten, das der Doktor in Boston zweimal hatte aufschneiden müssen.

„Wir sind schon komisch verteilt", sagte Priscilla und blickte über die wandernde Gruppe hin. „Schade, daß Hanna Fowler nicht bei uns ist."

„Und Hope Allen", sagte Beth, „und Ann Dyer."

Aber Patience meinte: „Das mit den zwei Gruppen ist schon gut, und bei unsern Eltern sind wir am besten aufgehoben. Sicher können wir die andern abends treffen, wenn wir lagern."

Schon nach kurzer Zeit, so schien es Priscilla, waren sie mitten in den Wäldern. Vater hatte gesagt, daß der Bay-Pfad — der schmale, der Bucht entlang führende Weg — auf der ersten Strecke gut unterhalten sei. Darum sollten sie sich dort möglichst beeilen und nicht trödeln.

Das Ungewohnte der Reise und der kühle Tag hatten die Wanderer etwas ernüchtert, und sie gingen schweigend ihres Weges. Und doch herrschte keine völlige Stille. Die Schafe ließen ein behagliches Blöken vernehmen, als sie erst einmal in Gang gekommen waren, und immer wieder quiekte ein fettes Schwein dazwischen, das auf den Weg zurückgestoßen werden mußte. Die Hufe der Pferde klopften gedämpft auf den staubigen Boden und das welke Gras. Tannennadeln knisterten unter den Tritten der Kühe. In den Bäumen zankten die grauen Eichhörnchen, schwangen ihre buschigen Schwänze oder huschten mit unberechenbaren, seltsamen Sprüngen über den Waldboden. Der Pfad war besät mit aufgeknackten Nüssen und mit Eichelschalen, die sie hinuntergeworfen hatten, und deren hellere Innenseiten sich weiß vom dunklen Untergrund abhoben. Ein Reh kam neugierig heran, und einmal strich ein grauer Adler ab und schwang sich wieder hinauf in den strahlend blauen Himmel.

Von diesem blauen Himmel bekamen sie freilich nur selten

einen Zipfel zu sehen, so dicht hatte sich der Wald um sie geschlossen. Hochstämmige Kiefern strebten hinauf ins Licht, Blaufichten und Schierlingstannen säumten den Pfad, Hickorynußbäume ließen ihre Zweige mit den unreifen Früchten herabhängen.

„Sieh nur, wie schnurgerade die Sonnenstrahlen durch die Bäume brechen!" meinte Priscilla.

„Und was für hübsche Muster die Schatten auf den Weg malen", fand Beth, die seinerzeit mehrere Puritaner in helle Aufregung versetzt hatte, weil sie Bilder malen wollte!

„Was für Farben!" sagte Patience. Daraufhin vergnügten sich die Mädchen damit, Namen für die herbstlichen Farben ringsum zu finden.

„Der Sumpfahorn ist rot", sagte die sachliche Constance.

„Karminrot!"

„Scharlachrot!"

„Rubinrot!"

„Kraapp!" meinte Priscilla.

„Was ist das für ein komischer Ausdruck!" rief Seth.

„Bei Wappenschildern sagt man so anstatt Rot", erklärte Priscilla. „Und für Blau sagt man Azur."

„Die Pappeln sind golden", fuhr Beth fort.

„Orange!"

„Gelb!"

„Safrangelb!" rief Seth. Großes Gekicher! Diesen Ausdruck gebrauchten ihre Mütter hin und wieder für Butter oder eingemachte Gurken.

Um die Mitte des Vormittags hatten sie vier Stunden Marsch hinter sich und legten eine kurze Rast ein.

Vor den Mädchen erhob sich ein niedriger Felsblock aus dem dicht mit braunen und grünen Kiefernnadeln bestreuten Boden.

„Kommt, wir strecken uns aus und legen die Füße hoch", schlug Beth vor. „Meine tun mir schon weh."

Priscilla legte sich flach auf den Boden, strich ihren Rock sorgfältig glatt und legte die Füße auf den Felsen. In dieser Lage fühlte sie sich wunderbar entspannt. Bald wich die Müdigkeit aus ihren Sohlen, den schmerzenden Knöcheln und Waden.

Sie war nahe am Einschlafen, als sie Vater rufen hörte: „Komm, Mädel, trink etwas!"

Ein lederner Behälter mit Apfelwein machte die Runde. Die Mädchen aßen von dem Honigkuchen aus Priscillas Bündel.

„Ich komme mir gerade vor wie auf einer Picknickfahrt", sagte sie und war ernüchtert, als Vater mit ernstem Blick entgegnete: „Nein, Priscilla, es ist eine Pilgerfahrt!"

Mit frischen Kräften ging es weiter.

Gegen Mittag hielten sie an einem schmalen Bach und ließen die Tiere trinken. Frau Laneham und Dorcas stiegen ab, Samuel rutschte von seinem Ochsen herunter, und die Crisp-Jungen taten es ihm nach. Sie liefen zu ihren Eltern, um etwas zu essen, während die größeren Jungen beim Vieh halfen. So blieben die vier Mädchen allein.

„Heute essen wir von meinen Sachen", sagte Priscilla.

„Und von meinen", schlug Beth vor.

„Schön, dann essen wir das nächstemal von unsern", sagte Patience Barland.

Jede bekam ein hartgekochtes Ei und ein dickes Butterbrot. Beth spendierte einen Plumpudding voller Rosinen. Sie saßen am kiesigen Bachufer, zogen ihre Mokassins aus und ließen das Wasser über ihre nackten Füße rinnen. Es war so kalt, daß es sie fröstelte, aber es nahm auch das brennende Gefühl mit fort. Eine Holztaube strich mit kurzem Flügelschlag vorbei, fast ohne sie zu beachten, und ein Eichhörnchen blieb eine Weile sitzen und keckerte zu ihnen herüber.

„Wunderhübsch sehen die Kiesel aus in dem grünen Wasser", sagte Beth.

„Hoffentlich sind die Bäche nicht zugefroren, wenn wir nach Connecticut kommen", meinte Constance.

Am Nachmittag brachten sie eine beträchtliche Wegstrecke hinter sich. Zwischendurch wurde noch einmal kurz gerastet.

Als es dämmrig wurde und die Schatten sich verlängerten, wurden Priscilla allmählich die Füße schwer. Nach ihrer Schätzung mochten sie zehn Meilen marschiert sein, und bisher war sie nie mehr als fünf gewandert. Sie stolperte, fing sich wieder, reckte die Schultern und schleppte sich mühsam weiter.

„Willst du eine Weile auf Trueblood reiten?" fragte Mutter freundlich.

„Erst wenn seine Traglast leichter geworden ist", erwiderte sie. Aber sie war ganz glücklich über die Frage. Mutter wußte, wie müde sie war!

„Übernimm dich nicht, Priscilla", sagte Vater. „Man muß mit seinen Kräften haushalten."

Joseph Gaylord holte sie ein und sagte: „Nimm meinen Arm, Priscilla."

„Wie eine alte Dame?" Aber dann nahm sie ihn doch und merkte, daß es sich so besser ging. Sie begriff nun auch, wie vorausschauend Vater gewesen war, als er ihr den Stock zurechtgemacht hatte. Sie stützte sich fest darauf.

Endlich sprachen die gleichfalls erschöpften Führer das erlösende Wort: „Das Ganze halt!"

„Diesen Platz haben wir schon im Sommer benutzt", sagte Roger Crisp. „Die beiden gelichteten Stellen werden die Indianer ausgebrannt haben, vielleicht ist auch ein Blitzschlag hineingefahren."

„Wieviel haben wir denn geschafft?" fragte Frau Laneham, die sich um ihr Töchterchen Sorge machte.

„Etwa elf bis zwölf Meilen", antwortete Mose Gridley, „nach den Kerben zu schließen, die wir damals ungefähr alle zweitausend Schritt in die Bäume geschlagen haben."

Er war Zimmermann und Holzfäller, und seine scharfe Axt hatte die Kerben in die Rinde gehauen, die ihnen heute den Weg gewiesen hatten. Alle seine Söhne, die vier Brüder von Beth, führten Äxte mit und wußten geschickt damit umzugehen.

Alle fanden es in Ordnung, daß die Frauen sich auf den Boden oder auf Baumstämme niederließen, um sich kurz auszuruhen, während Männer und Jungen Feuerholz sammelten. Da der Abend nicht besonders kalt war, würde für jede der beiden Gruppen ein großes Feuer genügen und ein paar kleinere für die Leute, die beim Vieh blieben. Die Gruppen sollten nie weiter als hundert Schritte voneinander entfernt sein, also in Rufweite bleiben.

Seth Gaylord holte Kienspäne aus seinem Bündel und schichtete Gestrüpp und Reisig auf. Joseph kramte Zunder, Stahl und Feuerstein hervor, und schon bald brannte ein lustiges Feuer.

„So ein Feuer ist was Gemütliches", sagte Deliverance und wärmte sich die Hände, die sie zuvor mit kaltem Wasser gewaschen hatte. „Es hat so was Brüderliches oder Schwesterliches." Dann ging sie die Kühe melken.

Barnabas Barland schlug mit seiner neuen Axt ein Bäumchen ab.

„Siehst du", rief er, als er Priscillas bewundernden Blick bemerkte, „da genügt ein einziger Hieb."

„Die Schneide wirft und verbiegt sich nicht", sagte Jonathan, der seinem Bruder zusah. Selbst das Borstenhaar der beiden Brüder schien vor Stolz zu beben, fand Priscilla. Solange die beiden leben, dachte sie, wird jeder am andern seinen Lobredner haben.

„Laß mich mal meine Axt probieren", sagte Mose Gridley. „Die Schneide ist schwerer, sie ist gut für Zedernknorren und so was."

Er fällte eine junge Zeder, hieb geschickt die Äste ab und zerhackte den Stamm in kleine Klötze. „Zedernholz", meinte Beth leise zu Priscilla, „ist innen so schön, daß es ein Jammer ist, wenn man es verbrennt. Da müßte man was draus schnitzen."

Das Lagerleben spielte sich reibungslos ein. Die Jungen holten

Feuerholz, und einige Frauen bereiteten das Abendessen. Die jüngeren Mädchen halfen Tannen- und Zedernzweige als Lagerstreu um das Feuer herum ausbreiten, unter Leitung des zwölfjährigen Lukas Laneham, der auf dem linken Auge etwas schielte. Kein Wunder, dachte Priscilla, er studiert zuviel. Er kann schon beinahe so gut Griechisch lesen wie sein Vater!

Die andern Mädchen, Hopestill und Abigail, holten Wasser aus einer nahen Quelle.

Jeder hatte seinen eigenen Holzteller oder Suppennapf und seinen Löffel. Außer Schwarzbrot, Käse, Tee und dem nahrhaften Eintopf aus Fleisch und Gemüse, der nur aufgewärmt zu werden brauchte, gab es noch Kleeblütenhonig — einen ganzen Krug voll —, den die Witwe Gaylord herumgehen ließ.

Pastor Laneham sprach ein kurzes Gebet, aß einige Bissen und ergriff dann seinen Stock, um nach der andern Gruppe zu sehen, die in Sichtweite lagerte.

Roger Crisp holte seine Stimmflöte hervor und gab ihnen den Ton für einen Psalm. Es war eine bekannte Melodie, so daß er nicht zu dirigieren brauchte, wie er es beim Gottesdienst zu tun pflegte — obwohl es Priscilla vorkam, als hätte er große Lust dazu. Alle fielen mit ein, selbst Samuel und Gavin und Dorcas.

Der Herr ist mein Hirte . . .

Als sie ausgesungen hatten, stimmte die andere Gruppe die gleichen tröstlichen Verse an. In der sternklaren, stillen Nacht klangen sie noch sanfter als sonst. Priscilla hatte ihre Freude an Michael Allens tiefem, vollem Baß und an Martha Makepeaces hellem Sopran, die die andern Stimmen übertönten.

Dann legten sie sich zum Schlafen hin, mit den Füßen zum Feuer, wie die Speichen eines Rades um die Achse.

Priscillas Mutter beugte sich zu ihr, um ihr den Gutenachtkuß zu geben und ihr ein kleines Federkissen unter den Kopf zu schieben. Ach, das tat dem müden Nacken gut!

„Ich hab' es herrlich bequem", sagte sie sich.

Sie schaute hinauf in den hellen weiten Himmel, sah eine Wolke über den Mond segeln, erkannte den großen Wagen und fühlte sich wie zu Hause. Das flackernde und prasselnde Feuer, das Schnarchen eines müden Mannes, das Kätzchen, das gerade zierlich sein Schnäuzchen putzte — wie gemütlich war das alles! Sie sah, wie Seth Gaylord und Mose Gridley sich niedersetzten, mit dem Rücken gegen zwei Baumstämme gelehnt, und ihr fiel ein, daß sie ein Drittel der Nacht wachen würden, um dann abgelöst zu werden.

Aber das Schauen und Lauschen mußte nun ein Ende haben.

Sie rückte das Kissen zurecht, streckte sich aus und fiel alsbald in den tiefsten Schlaf ihres jungen Lebens. Einmal wachte sie auf, als jemand Holz ins Feuer warf, daß die Glut knisternd aufflammte, und einmal merkte sie, wie Goliath von seinen Schafen herübertrabte, um sie einen Augenblick aufmerksam zu betrachten und sich für eine Weile neben sie zu legen.

October 16
"Bake out the ache"

Den Schmerz ausrösten

Als Priscilla erwachte, war ringsum schon alles in geschäftiger Bewegung. Sie rieb sich die Augen und gähnte, daß es eine Wonne war. Wonne — Sonne, dachte sie. Ich gähne mit Wonne in die Morgensonne. Sie liebte den Wortklang und nahm sich vor, etwas Ähnliches in ihr Tagebuch zu schreiben.

Große Morgentoilette gab's hier nicht. Sie trank einen Schluck Milch und aß einen Happen von dem Fleisch, das vom letzten Abend übriggeblieben war. Die Luft war noch kühler, aber es lohnte noch nicht, sich warm anzuziehen. Jedenfalls würde sie ihre Mokassins noch einen Tag anbehalten. Der lange Rock hielt die Knie warm, und für den Notfall hatte sie noch ihren wollenen Schal. Sie half Samuel auf seinen Ochsen, warf Goliath einige Brocken zu und schickte ihn zu den Schafen zurück. Der Zug ordnete sich wie tags zuvor.

„Warum wechseln", meinte Matthäus Grant, „wenn kein Grund dazu vorliegt?" Priscilla hörte es gern, wenn Vater *Grund* sagte. Er rollte das R ein bißchen, und dadurch bekam das Wort besonderes Gewicht. Für sie bedeutete es alle herrlichen Dinge dieser Welt.

Sie gelangten bald in größere Höhe und folgten einem Bergkamm. Das Gehen wurde beschwerlicher, und Priscilla fing an, nach Luft zu schnappen. Sie sah, wie Beths Backen sich röteten und wie Patience und Constance ganz außer Atem kamen. Hier lag mehr dürres Laub herum, und die Bäume waren nicht mehr so leuchtend bunt. Bald öffnete sich der Wald und gab den Blick in die Tiefe frei. Nun sahen sie einen Gießbach vor sich. Er schien nicht tief zu sein, war aber gewiß zehn Fuß breit.

„O je", sagte Beth, „auch noch waten! Das hat mir gerade noch gefehlt!"

Doch bevor sie das Ufer erreichten, hatten die Hunde ihre Schafe bereits hinübergetrieben. „Ist das nicht großartig", sagte Priscilla zu George Gridley, „wie es die Hunde heraus haben, die Schafe genau an der richtigen Stelle 'rüberzubringen?"

Den größeren Schweinen ging das Wasser bis über den Rücken, aber sie streckten die Schnauzen in die Höhe und patschten hindurch, ohne den Grund zu verlieren. Die Jungschweine jedoch mußten eingefangen und hinübergetragen werden. Henoch Gridley zog die Schuhe aus, krempelte die Hosen hoch und langte sich gleich zwei auf einmal. Wenn er sie drüben abgesetzt hatte, hielt ihm David schon die nächste Ladung entgegen.

„Schau", sagte Aaron Gaylord auf einmal, „siehst du dort den umgestürzten Baum? Niemand braucht zu waten!"

Da lag er, ungefähr zwanzig Fuß bachabwärts, mit dem aufragenden Wurzelgeflecht auf dem einen Ufer und dem Wipfel auf dem andern. Die meisten Äste waren bereits entfernt worden — wahrscheinlich hatten das schon andere Wanderer besorgt.

Die Reiter trieben ihre Tiere in die Strömung. Vater schwang sich auf Trueblood und folgte Samuel, der auf Hektor saß. „Festhalten, Samuel!" rief Priscilla — und Samuel verlor beinahe das Gleichgewicht, als er ihr zuwinkte.

Die andern turnten über den Baumstamm. Priscillas Mutter, die Mutter der Zwillinge und Frau Gaylord faßten sich spaßeshalber bei den Händen, und Seth balancierte mit Seiltänzergebärden seinen Stab vor sich her und vollführte die gewagtesten Schritte.

„Der gibt aber an", sagte Priscilla, „gerade als ob der Gemeindediener hinter ihm her sei."

Wie lange schien das schon her zu sein! Sie dachte an den kalten, stickigen Saal, an die lange Predigt, die bald zwei Stunden dauerte, und an die Gebete, die kein Ende nehmen wollten. Sie hatte Seth keinen Vorwurf machen können, als er anfing, Gesichter zu schneiden. Der Gemeindediener mit seinem langen Stab mit dem Fuchsschwanz daran hatte ihn zurechtweisen müssen.

„Komm, Priscilla, du träumst ja", sagte Jonathan Barland. „Werft eure Stöcke 'rüber, ihr Mädel, faßt euch an der Hand und bildet eine Reihe."

Das taten sie denn, die vier Mädchen. Priscilla fühlte den festen, breiten Baumstamm unter den Sohlen und krümmte die Zehen, um sicherer aufzutreten. Sie schaukelten und kicherten, sie pufften sich und taten, als würden sie das Gleichgewicht verlieren, und arbeiteten sich glücklich ans andere Ufer.

Die Sonne stand jetzt genau über ihnen. Es war ein strahlender Tag.

„Ist es euch möglich, ohne Rast weiterzugehen?" fragte Matthäus Grant. „Wir sollten den schönen Tag ausnutzen. Aber ihr dürft euch auch nicht zuviel zumuten", fügte er hinzu.

Wieviel ist zuviel? dachte Priscilla. Sie spürte die Müdigkeit in allen Gliedern, aber sie wollte nicht reiten, solange sie nicht umfiel. „Wir beenden, was wir beginnen", pflegte Vater immer zu sagen. Irgendeinmal würde der Tag ja ein Ende nehmen.

Der Pfad wurde schmaler, so daß die Mädchen nur noch zu zweit gehen konnten. Sie kamen nur langsam vorwärts, denn auch die Tiere mußten zu zweien oder gar einzeln geführt werden.

Patience stimmte ein Marschlied an. Es bestand nur aus den sinnlosen Silben, nach denen die Älteren einst in England getanzt hatten und die sie nie satt bekamen:

Mit hei und ho und fideldibum,
mit ho und hei und schrum schrum schrum.

Das fuhr in die Glieder, die Stöcke klopften den Takt auf dem

Boden und die Füße auch. Sogar Klein-Dorcas oben auf ihrer Mutter Sattel bewegte das dünne Händchen munter im Takt.

Nachher sangen sie sämtliche Verse des Liedes von der Amsel und dem Specht, von der Fledermaus mit den Flügelhäuten, von der trauernden Taube und allen, die Unglück in der Liebe hatten — und sie schlossen mit einem kecken Kehrreim. Sie kamen gut vorwärts dabei.

Aber die Füße wurden ihnen immer schwerer!

Priscilla wollte schon fast aufgeben, da hörte sie Mutters Stimme: „Fang auf, Priscilla!" Es war ein Apfel.

Mother gave me an apple to eat on y^e way.

Ja, Mutter wußte schon, was gut war! Priscilla klemmte den Stock unter den Arm, zog ihr Messer aus dem Futteral, schnitt den Apfel auf und gab jedem der Mädchen ein Stück ab. Obwohl sie hungrig war, hielt sie doch einen Augenblick inne, um das Muster zu betrachten, das die glänzend schwarzen Kerne bildeten, zusammen mit der zierlichen grünen Umrandung und der festen roten und grünen Schale. Das hätte sie zeichnen mögen! Während sie mit vollen Backen kaute, dachte sie daran, wie sie das erstemal versucht hatte, etwas zu zeichnen — den Umriß eines Hundes. In den Sand! Michael Allen hatte sich aufgeregt und vom zweiten Gebot gesprochen, aber Vater hatte gesagt: „Unsinn. Es ist eine Gnade Gottes, daß meine Tochter zeichnen kann ... Aber der Hund muß einen längeren Schwanz bekommen, Priscilla!"

Patience Barland holte Krapfen hervor, für jeden einen. Sie waren kalt und hart, aber sie machten satt und gaben allen frische Kraft.

„Wenn Mutter erst wieder Krapfen backen kann in unserm neuen Haus — das wird fein", sagte Priscilla nachdenklich.

„Und die kleinen Spritzkuchen!" sagte Beth voller Sehnsucht.

Endlich — man konnte schon fast nichts mehr sehen — gelangten sie zu einer weiten, kreisförmigen Lichtung und hörten das Kommando: „Haltmachen zum Lagern!"

Auch die zweite Nacht war klar und kalt.

„Sollen wir Schutzdächer bauen, Sir?" fragte Mose Gridley. Er hatte schon die Axt in der Hand! Priscilla fühlte sich immer getröstet, wenn sie an die Gridleys dachte. Wirklich, sie waren imstande und bauten an einem Tag ein ganzes Haus!

Aber Vater sagte: „Nein, heute brauchen wir keine. Wir wollen lieber beizeiten schlafen gehen."

Und wieder ging es ans Baumfällen und Entästen und Feuermachen, ehe man ans Essen denken konnte.

Es wurde eine eilige Mahlzeit. In die Töpfe kam Quellwasser und dazu ein paar Handvoll Mais. Bald fing die Suppe zu brodeln an. Dann kam vorgekochte Schweinswurst in Scheiben hinein. Als das Ganze wieder zu brodeln anfing, verteilte Frau Gaylord das Gericht auf die hölzernen Teller.

„Der Mais ist doch eine wunderbare Sache", sagte sie. „Die Indianer sollen mit ein paar Löffeln Maismehl eine ganze Mahlzeit bestreiten. Sie essen es roh."

„Und die Leute, die damals mit der *Mayflower* von Plymouth kamen, mußten sich täglich mit fünf Körnern begnügen!"

Es würgte Priscilla in der Kehle, wenn sie sich das ausmalte. Sie aß gewiß gerne Mais, in allerlei Form, aber roh — das schmeckte sicher scheußlich, ob nun in Körnern oder gemahlen.

Daffodil und Gaylords Kuh gaben genug Milch für alle Kinder. Die übrigen tranken Ale aus dem großen Krug. Ein jeder war zufrieden.

An diesem Abend nahm sich Priscilla etwas mehr Zeit, sich umzusehen. Im Feuerschein wirkte selbst ein vertrautes Antlitz ganz anders. Manches Gesicht nahm sich vornehmer aus und auch manche Kleidung. Beths weißer Kragen schimmerte in makelloser Reinheit und schien frisch gekräuselt. Wie sanft war Frau Gaylords Gesicht! Sie betrachtete Aaron Gaylords starke Hände, seinen rötlichen Bart, das glänzend schwarze Haar. Das flackernde Licht ließ die Beschläge eines Gewehres deutlicher hervortreten und auch die Schramme auf Barnabas Wange und die gelben Pfoten von Goldi. Sie glaubte, sogar die Sommersprossen auf Seths Gesicht zu erkennen.

Nach dem Essen wurde einer der großen Töpfe nochmals mit Wasser gefüllt. Silas Wheelwright hatte gegen Abend ein Eichhörnchen und einen wilden Truthahn geschossen. Die Tiere wurden ausgenommen und zerlegt. Das Fleisch konnte nun die Nacht hindurch sachte weiterkochen und am Morgen als Wegzehrung mitgenommen werden.

Als sie Pastor Lanehams Dankgebet stehend angehört hatten, sagte Priscillas Vater heiter: „Kinder, da ist noch etwas, das wir euch nicht verraten haben. Ich wollte euch nicht enttäuschen, falls nichts daraus würde. Morgen abend könnt ihr unter einem Dach schlafen!"

„Unter einem Dach?" Überrascht und erfreut sprachen sie durcheinander.

„Ja, unser alter Freund Tom Needham, der mit uns auf der *Mary and John* war, zog vor drei Jahren in die dortige Gegend."

„Dorchester wir ihm zu kirchlich", bemerkte Roger Crisp.

„Vielleicht hatten ihm die Geistlichen zuviel Einfluß", erwiderte Matthäus Grant und rüstete sich zur Verteidigung seines Freundes. „Sind wir nicht zum Teil aus demselben Grund jetzt hier?"

„Ach was", sagte Roger Crisp, „er wollte auch mehr Land haben. Und er betreibt einen schwunghaften Pelzhandel mit den Indianern."

„Aber er betrügt sie nicht", erklärte Vater mit Nachdruck.

Roger Crisp erzählte noch weiter von Tom Needham und von der Forschungsreise, die er mit ihm vor zwei Jahren weit ins Innere von Connecticut unternommen hatte.

Markus Barland steuerte Einzelheiten bei. „Es heißt, Tom habe ein Blockhaus mit drei großen Räumen, und in den Fenstern sei Glas drin!"

„Tom Needham ist eben aus Devon", fügte Mutter hinzu. Alle Erinnerungen an ihre Jugendzeit auf diesem zauberhaften Stück Erde schienen sich in diesen Worten zusammenzudrängen.

Als sie nachher wieder „wie die Radspeichen" um das Feuer lagen, kam Mutter zu Priscilla und sagte: „Halt deine Füße nur immer zum Feuer hin! Das wird deine Füße trösten und den Schmerz ausrösten."

Füße trösten — Schmerz ausrösten! Was für ein schöner Reim! Priscilla sagte ihn noch im Einschlafen vor sich hin, während sie zugleich von Needhams Haus träumte. Wie mochte es wohl aussehen?

Von den Wäldern her drang als letztes das Heulen eines Wolfes in ihr Bewußtsein, und sie hörte Goliath zurückbellen. Es war so beruhigend zu wissen, daß der Hund nicht nur die Schafe behütete, sondern auch das ganze Lager.

October 17
"I love to divide"

Ich teile gern

Der Mittwochmorgen zog warm und schwül herauf. Priscilla schob die Wolldecke zurück. Ihre Stirn troff von Schweiß, und sie nahm schleunigst die Füße vom Feuer weg.

Sie rüttelte die noch schlafende Patience wach und fragte: „Wie weit soll es noch sein bis zum Großen Fluß?"

„Ungefähr 150 Meilen im ganzen", antwortete diese und rieb sich den Schlaf aus den Augen. „Vater sagt, die letzten zwei oder drei Tage geht es nach Süden, dem Connecticut entlang."

„Ja, und bis jetzt haben wir vielleicht fünfundzwanzig Meilen geschafft. Aber Vater meint, später werden wir langsamer vorankommen", sagte Constance und schlug die Decke zurück.

„Warum denn?" fragte Beth, die sich langsam erhob.

Wie kommt es nur, dachte Priscilla, daß Beth immer so hübsch aussieht? Ihr weißer Kragen war jetzt zerknüllt, ihr Haar zerzaust, und auf ihrer rosigen Backe war der Abdruck der Tannennadeln zu sehen, auf denen sie gelegen hatte. Trotzdem, Beth machte einen frischen und niedlichen Eindruck.

„Ja — vielleicht das Wetter", sagte Priscilla unbestimmt.

„Oder vielleicht — Indianer?" vermutete Beth und schauderte.

Sie falteten ihre Decken zusammen und machten ihr Gepäck für den Marsch fertig.

„Bringt eure Teller her, Mädels", rief die Mutter der Zwillinge.

Sie goß ihnen warme Kraftbrühe vom Truthahn und vom Eichhörnchen ein, die köstlich mit Kräutern gewürzt war. Preserved

Crisp und die siebenjährige Silence Laneham reichten das Brot herum, und Deliverance ließ eine Lederflasche mit Apfelwein die Runde machen.

Priscilla hörte, wie die Wheelwrights ihre Ponys sattelten und wie die Gridley-Jungen die Schafe und Schweine auf den Weg brachten. Drüben brannte noch das Lagerfeuer der ihnen folgenden Gruppe. Wenn doch die andern Mädchen, besonders Hope Allen und Hanna Fowler, bei ihnen sein könnten!

Als hätte sie ihr den Gedanken von der Stirn gelesen, sagte ihre Mutter: „Vielleicht können heute abend alle Mädchen beisammen sein, wir schlafen ja diesmal unter einem Dach."

Der Pfad blieb weiterhin so schmal, daß sie nur zu zweit oder gar einzeln gehen konnten. Im Wald war es dunkel und naßkalt. Die schweißtreibende Hitze des Lagerfeuers war verflogen, aber der feuchte Dunst blieb zum Schneiden dick. An einigen Stellen lief der in ständigen Windungen bergan führende Pfad durch tiefe, vom Regen ausgewaschene Rillen. Priscilla war froh, daß sie zu Fuß war.

Wieder strich ein Adler über sie hin und blieb eine Zeitlang über ihnen stehen. Sie sah, wie Joseph Gaylord, der neben ihr schritt, das Gewehr hob und zielte. Aber noch ehe er auf den Abzug drücken konnte, war der Adler abgestrichen. Sie freute sich — es war so ein stolzer, schöner Vogel!

„Wie mögen wir wohl für einen Adler aussehen?" fragte sie.

„Wie Ameisen vielleicht — oder Fliegen." Joseph war enttäuscht.

Als die Sonne in Mittagshöhe stand, machten sie im Stehen eine Viertelstunde Pause. Die Mädchen knabberten an den altbackenen Pfannkuchen und aßen eine Scheibe Käse hinterher. Priscilla hatte eine riesengroße, rohe purpurrote Rübe, die sie zerschnitt und verteilte. Sie fand den frischen, kühlen Geschmack herrlich.

Am späteren Nachmittag erreichten sie eine Gegend, die ihnen ganz seltsam vorkam.

„Seht mal die Kiefer dort!" rief Jonathan.

„In der Mitte abgebrochen!"

„Und da eine andere!"

„Und noch eine!"

„Der junge Nußbaum steht krumm und schief wie eine Weide."

„Genau wie die junge Eiche hier."

Mehrmals lagen abgebrochene Äste auf dem Weg, und einmal mußte Mose Gridley mit Axt und Säge kommen und einen Stamm zerkleinern, den sie anders nicht forträumen konnten.

Ein umgestürzter Baum reckte seine Wurzeln in die Luft, die von Wind und Regen gebleicht waren und wie geschnitzt aussahen. Dieses Wurzelgeflecht nahm sich aus wie die Hecke um Dornröschens Schloß — aber es war entsetzlich mühsam, sich hindurchzuzwängen.

Matthäus Grant trat zu den Mädchen und sagte: „Nur keine Angst. Das ist von dem Hurrikan im August. Der brach los, als wir wieder zu Hause waren. In dieser Gegend soll solch ein Sturm und Regen noch nicht dagewesen sein."

„Und wenn wieder einer kommt, Sir?" fragte der pausbäckige David Gridley besorgt.

„Dieses Jahr nicht mehr. Es gibt dafür eine alte Wetterregel:

Junius — ohn' Verdruß.

Julimond — ungewohnt.

Im August — achtgeben mußt.

Kommt September heran — denk daran.

Und im Oktober — sind sicher Haus und Schober.

Nein, dieses Jahr kommt nichts mehr."

Alle waren entsetzt über diese Verwüstung.

„Es hieß damals, es hätte Hunderte von Bäumen umgerissen."

„Und alle Flüsse liefen über."

„Und viele Indianer haben in den stehengebliebenen Bäumen Schutz suchen müssen."

„Wenn man bedenkt — keine fünfzig Meilen von uns weg!"

Sie umgingen herabgefallene Äste, kletterten über umgestürzte Bäume und zwängten sich durch Gestrüpp und Dornsträucher. Priscilla trieb Daffodil und Daisy an, obwohl sie wußte, daß die Tiere zum Umfallen müde waren. Hoffentlich würde der freundliche Tom Needham auch für die guten Tiere ein Obdach haben!

Sie war nicht weit von den Schafen entfernt und konnte beobachten, wie großartig Goliath seine Sache machte. Mit zurückgelegten Ohren und entblößtem Gebiß, mit dem Leib fast den Boden berührend, den Schweif kerzengerade ausgestreckt, umkreiste er die Herde. Er war überall, stupste hier einem Schaf die kalte Nase in die wollige Flanke, kniff dort eins ins Bein oder kreuzte zähnefletschend Samsons Weg. Wenn er bei der Arbeit war, leuchteten seine Augen wie gelbe Flammen im Dämmerlicht. Dabei tat er nie einem Schaf etwas zuleide.

„Es ist doch schlimm, daß Goliath sich so abrackern muß", sagte Priscilla.

„Ach, für den ist das ein Spaß", erwiderte Mutter. „Und uns tut er einen Gefallen."

Vier Nachmittagsstunden waren auf diese Weise verstrichen. Es ging dem Abend zu. Auf einmal begann sich der Himmel ungewöhnlich zu verfärben. Riesige Wolken ballten sich schwarz und drohend zusammen.

„Höchste Eile!" hieß es. „Es wird bald regnen."

Priscilla hatte, sie wußte nicht warum, nie an Regen gedacht. Sie hatte damit gerechnet, frieren oder gar hungern zu müssen, aber nicht mit Regen und Nässe.

Im Halbdunkel konnte sie erkennen, daß der Pfad heller und breiter geworden war und daß man sich einer Waldlichtung näherte. Und dort lag auch schon Needhams Hof.

Die Wheelwright-Jungen griffen nach den Jagdhörnern und meldeten lautstark ihr Kommen an.

Als sie die Nähe des Hauses erreichten, trat ein hochgewachsener, kahlköpfiger Mann mit rotem Gesicht heraus. Priscilla konnte sich kaum noch an Tom Needham erinnern, der ihnen nun entgegeneilte. Er und Vater und Roger Crisp fielen einander gerührt in die Arme.

„Du bist wie ein schattenspendender Fels auf einem beschwerlichen Weg", sagte Vater.

„Eine Oase in der Wüste", meinte Witwe Gaylord.

„Und das ist also die kleine Priscilla, die einmal auf meinem Schoß gesessen hat! Wie schön du geworden bist!" Und er zog sie in eine bärenhafte Umarmung.

Priscilla fiel in ihrer Freude nichts Besseres ein als die Versicherung: „Sie sind auch schön", und sie meinte es ehrlich.

„Schön?" lachte er. „Na, ich war in der hintersten Reihe Stehplatz, als die hübschen Gesichter verteilt wurden."

Sie mußten die Unterhaltung abbrechen, denn schon fielen die ersten dicken Regentropfen auf ihre Köpfe.

Die Hirten trieben mit Hilfe der Hunde die Schafe in eine Hürde, deren bretterner Boden auf Pfosten ruhte, und die zum Teil durch ein Strohdach geschützt war. Die Schafe drängten sich ja immer dicht aneinander und würden nicht viel Raum beanspruchen. Auf Needhams Anweisung kamen die Schweine in einen Pferch und das übrige Vieh in einen großen Stall.

Noch ehe sie eintraten, rief Frau Crisp: „Jetzt sag mir bloß, Tom, wie kommst du zu dieser Riesenfarm?"

„Nun ja, ich bin mit den Indianern gut ins Geschäft gekommen. Mein Sohn Saul behauptet, ich sei imstande, einem einarmigen Taubstummen eine Geige zu verkaufen."

„Und wie geht's der Familie?" Der Pastor wußte, wonach man sich zu erkundigen hatte!

„Sie wissen ja, Sara ist im letzten Sommer gestorben, meine drei Töchter leben in Boston, und nur Saul ist bei mir geblieben. Wir haben zu viel um die Ohren — mehr als uns lieb ist. Hoffentlich bringt er mir eines Tages eine Frau ins Haus. Aber einstweilen scheint er noch keine Lust dazu zu haben."

„Hat der Hurrikan viel Schaden angerichtet?" fragte Aaron Gaylord.

„O ja. Das Strohdach über der Schafhürde ist noch nicht fertig und das neue Scheunendach auch nicht. Im August ist es passiert, und jetzt haben wir Mitte Oktober."

Endlich betraten sie das Haus. In ihrem ganzen Leben hatte Priscilla noch nie so schöne und helle Räume gesehen. Da waren zwei Zimmer, so groß wie ihr ganzes Haus in Dorchester — und daneben lag ein Riesenraum, größer als die zwei zusammen.

„Frau Laneham sieht recht angegriffen aus", sagte Needham. „Das kleinere Zimmer wird das richtige sein für sie und Pastor Laneham und ihre Kinder. Die andern Frauen, die Mädchen und die kleinen Kinder können in dem großen Raum schlafen, die Männer und die Knaben in dem mittleren. Die Jungen kommen auf den Heuboden."

Gavin und Matthäus Crisp und Samuel bezweifelten keinen Augenblick, daß sie „groß genug" seien, und kletterten flink die breite, feste Leiter hinauf, um sich gleich darauf in wilder Balgerei auf dem Heu zu wälzen. Besonders müde scheinen die ja nicht zu sein, dachte Priscilla und freute sich. Sie hörte die Kühe nach Futter brüllen und das Prasseln des Feuers im Kamin, der die ganze Breite des Hauses einnahm. Vertraute, gute Geräusche! Es würde eine gute Nacht werden.

Merkwürdigerweise hatte es zu regnen aufgehört, obwohl der Himmel im Südwesten seine grünliche Farbe beibehielt und die schwarzen Wolkenberge nicht weichen wollten. Sie waren im blendenden Licht der aufflammenden Blitze deutlich zu erkennen.

Die Räume waren sparsam möbliert, aber es reichte aus. In dem großen Zimmer gab es ein Bett wie bei den Eltern in Dorchester, ein mächtiges, in die Wand eingelassenes Bett mit einem Daunenkissen und einer gewebten Überdecke. Außer den Wandbänken gab es Hocker und Stühle und andere Sitzgelegenheiten. Auf dem Kaminsims, über dem eine Büchse hing, stand zinnernes Gerät. Sie konnte nicht alles genau erkennen, aber sie unterschied eine Kugelgießform, einen kleinen Mörser mit Stößel und ein Stundenglas.

„Kommt, Jungen, helft mir bei dem Heu!" rief Needham mit dröhnender Stimme.

„Was sollen wir denn mit Heu?" fragte Beth.

„Das Vieh ist doch draußen", fügte Patience hinzu.

„Ach so — darauf sollen wir schlafen", sagte Priscilla, als Joseph ihr einen Armvoll vor die Füße warf und es auszubreiten begann.

Es war herrlich duftendes Heu, und obwohl Beth niesen mußte und Frau Laneham andauernd hustete, waren alle begeistert.

„Ganz wie daheim!" rief Witwe Gaylord mit Tränen in den Augen.

„Du denkst gewiß an deinen Mann und an Dorchester!" fragte Priscillas Mutter und schlang den Arm um sie.

„Ja, immer an meinen Mann", sagte sie, „aber nie an Dorchester — ich denke an Devon."

Der geliebte Name ließ alle einen Augenblick verstummen.

„Mir ist, als wäre es fünfhundert Jahre her und nicht fünf", sagte Frau Gridley.

„Ja, es ist wie in Devon", sagte Mutter, „wie die Binsen auf dem Flur in meinem Elternhaus. Nur sauberer." Priscilla erinnerte sich, wie Mutter von diesen Binsen gesprochen und wie sie sie gehaßt hatte. Wenn sie auch jede Woche gewechselt worden waren, fanden sich doch ständig Speisereste darin und Schmutz, der vom Hof hereingeschleppt worden war. Aber das hier war anders, dieses weiche graugelbe Heu, das die Tiere nachher fressen würden. Es duftete nach Wiesen, und es war ein Genuß, darauf zu treten.

Jetzt traf auch die andere Gruppe ein. Kaleb Allen und Deliverance liefen aufeinander zu und drückten sich die Hände. Die Älteren begrüßten Needham mit Freudenrufen und großer Herzlichkeit. Frau Makepeace weinte, denn sie war Frau Needhams beste Freundin gewesen. Hope Allen, Hanna Fowler, Ann Dyer und Martha Makepeace stürzten auf die vier andern Mädchen zu und umarmten sie unter großem Gekicher und Geschnatter, als hätten sie sich jahrelang nicht gesehen.

Der zweiundzwanzigjährige Saul kam von den Ställen herein, und Priscilla hatte Zeit, ihm zuzusehen, wie er das Auslegen der letzten Heuschwaden überwachte. Er war schlank und gut gewachsen, von gesunder Hautfarbe, das rötliche, kurz gehaltene Haar dicht und lockig.

Der alte Needham strahlte vor Herzlichkeit. Er sah sich unter lauter alten Freunden, die etwas brauchten, das er ihnen geben konnte. Was kann der Mensch mehr verlangen?

„Nun setzt euch erst mal hin, Freunde", rief er. „Setzt euch oder legt euch oder wälzt euch herum, ganz wie's euch beliebt. Und dann wollen wir's uns schmecken lassen."

Sie hatten nicht alle Platz in einem Raum, aber beim Essen kamen einige von den Frauen herein und setzten sich zu ihren Männern, und ein paar von den Jungen schlängelten sich davon, um mit den Mädchen zu essen. Priscilla freute sich, daß Deliverance und Kaleb beisammen sein konnten und so glücklich dreinschauten!

Aus dem mächtigen Bratofen an der Kaminwand holte Saul Needham mit einer Schaufel einen, zwei — Priscilla traute ihren Augen nicht —, drei, nein, sechs gebratene Vögel hervor. Sie wußte nicht, ob es Gänse oder Puten waren. Für Küken oder Perlhühner waren sie entschieden zu groß. Ein Duft, bei dem ihr das Wasser im Mund zusammenlief.

Nebenan rief jemand: „Seht nur mal die Schinken!" Sie lief zur Tür und sah, daß dort noch ein Herd mit Bratröhren stand. In einer Pfanne brutzelten frische Fische.

Die Großen traten herzu, um beim Zerlegen des Geflügels zu

helfen und die Schinken in Scheiben zu schneiden. Jeder wohlerzogene Mensch weiß, daß man Fleisch nicht einfach auseinanderreißt.

Dann wurden weitere Köstlichkeiten aufgefahren, ein appetitlicher Korb mit Äpfeln und ein anderer mit reifen Herbstbirnen, dann Maisbrot, heiß und knusprig aus der Röhre, ein Topf mit gebackenen Bohnen, aus dem es herrlich nach würzigem Rauchfleisch roch. Senfgeruch machte Priscillas Augen tränen, und der Duft des süßen Sirups kitzelte ihr den Gaumen.

Saul brachte Krüge mit eingemachten Quitten und verschiedenen Gurken und noch etwas, das Priscilla nicht kannte.

„Was ist denn das, Saul?" fragte sie.

„Eingekochte Wassermelonen-Schalen. All das hat noch meine Mutter gemacht."

„Sie hat gewußt, daß ihr kommen wolltet", fügte sein Vater nachdenklich hinzu, „und sie wollte euch mit etwas Selbstgemachtem erfreuen."

Bald war das Geflügel zerlegt und angerichtet, die Schinkenscheiben und die heißen, knusprigen Fische auf flachen Schüsseln serviert.

„Kommt mit euren Tellern", sagte Tom Needham. „Wir haben nicht allzuviel Mais und Weizenmehl, wegen des Hurrikans, aber dem Wild und dem Obst hat er nicht geschadet."

Wärme breitete sich in den Räumen aus—nicht allein die Wärme des Herdes und des Essens —, die Wärme der Freundschaft. Priscilla sah, wie die müden Schatten aus Mutters Gesicht wichen und die Gespanntheit in den Zügen des Vaters nachließ. Die Kleineren saßen auf den Bettkanten, die Teller auf den Knien. Samuel steckte Kienspäne in einige Yamswurzeln und stellte sie auf den Kaminsims.

Die Männer bekamen Punsch, die Frauen Ale. Aber keiner tat des Guten zuviel. Priscilla bemerkte: „Ich teile gern. Aber hier hab ich's nicht nötig — und jetzt eß ich eine ganze Birne!"

Sie schmeckt nach Mairegen und Blütensegen, fand sie und freute sich über den Reim. Ich möchte doch wissen, ob sich der Samen hält, dachte sie weiter, und barg die Kerne in ihrem Gürteltäschchen.

Sie aßen und aßen, bis sie nicht mehr konnten. Obwohl keiner dem gemütlichen Beisammensein ein Ende setzen mochte, taten die Reisemüdigkeit, das reichliche Mahl und die tanzenden Flammen ihre einschläfernde Wirkung — und einer nach dem andern merkte, daß es Zeit war, schlafen zu gehen.

„Packt den Rest ein", sagte der Hausherr. „Es ist soviel übrig, und unterwegs könnt ihr's brauchen."

Jedes der Mädchen packte sich für morgen ein ganzes Mittagessen auf seinen Teller — eine Scheibe Schinken, ein Stück Geflügel, einen Apfel und ein Stück Maisbrot, dick mit Gelee bestrichen. Sie schlugen es in eine Serviette, damit sie es am Morgen gleich mitnehmen konnten.

Pastor Laneham las aus der Bibel vor und forderte sie dann auf, gemeinsam das Gebet „Erleuchte unsere Finsternis!" zu sprechen, und alle, außer den Kleinsten, stimmten ein.

„Ihr haltet euch noch an das alte Gebetbuch?" fragte Tom Needham.

„Ja, das Buch können sie uns nehmen aber nicht die Worte", sagte Matthäus Grant.

Priscilla und die andern Mädchen machten sich ihr Lager zurecht. Sie schüttelten das Heu auf, bis es weich genug war, und breiteten ihre Wolldecken aus, um sich hineinzuwickeln. Da es so warm in dem Raum war, zog Priscilla ihr Kleid aus und wartete, bis Mutter einen Riß ausgebessert hatte. Dann hängte sie es an einen Haken an der Wand. Sie war froh, wieder einmal aus den Kleidern heraus zu sein! Sie mochte das handgewebte Leinenhemd, das sie trug, besonders gern. Die Kinder der Puritaner durften an ihrer Oberkleidung nur eine ganz schmale Borte haben, aber Mutter hatte dieses Unterkleid mit Reihen von winzigen Querfalten und einer Einfassung aus selbstgehäkelter Spitze versehen. „Ein Mädchen muß immer irgend etwas Niedliches und Damenhaftes haben", hatte sie gemeint.

Priscilla, Martha Makepeace, Hope Allen und Beth lagen so dicht nebeneinander, daß sich nur eine umzudrehen brauchte, und schon folgten die andern ihrem Beispiel. Und da sie lange keine Ruhe fanden, drehten sie sich oft um. Aus purem Jux wurde dazu kommandiert: „Eins, zwei, drei — rum!"

„Das ist schon unsere dritte Nacht fern von zu Hause", flüsterte Hope Allen. „Vater hat gesagt, in zehn Tagen könnten wir's sicher schaffen."

„Meinst du wirklich?" fragte Priscilla.

Da mischte sich Martha ein: „Mutter sagt, wenn es viel länger dauert, überrascht uns der Winter, und wir könnten erfrieren."

„Jedenfalls haben wir's heute nacht warm", tröstete Hope, ihrem Namen — Hoffnung — Ehre machend.

„Nun schlaft aber endlich, Mädels", rief die Mutter der Zwillinge. „Morgen früh müssen wir zeitig 'raus!"

Aber am folgenden Morgen konnten sie nicht weiter.

Bald nach Mitternacht begann es zu regnen. Erst nieselte es nur, dann prasselten mächtige Wasserfluten aufs Dach. Sie schwollen gleichmäßig auf und ab wie die Wogen auf dem Meer, an die sich Priscilla noch undeutlich erinnern konnte. Dazu blitzte es ununterbrochen. Dann sah man, wie sich die Fensterrahmen gegen den hellen Schein abhoben und ganze Wasserbäche am Glas hinabliefen. Priscilla hatte bisher niemals Glasfenster in einem Wohnhaus gesehen.

Letzte Nacht war es dunkel, dachte sie, und heute ist es naß. Morgen möcht' ich die Sonne durch die Scheiben brechen sehen!

Obwohl die Fensterflügel gut abgedichtet waren, schlug der Regen mit solcher Macht dagegen, daß es an den Rändern bald durchtröpfelte und die Fensterwand feucht wurde. Priscilla legte sich ein Büschel Heu über den Kopf.

Es sollte noch schlimmer kommen. Der Regen rauschte nach wie vor sintflutartig nieder, aber die Blitze zuckten jetzt in grellem Zickzack, jeder gefolgt von einem tosenden Donnerschlag, als ob der Himmel bersten wollte. Nach einem besonders heftigen Schlag gewahrte sie einen fremden hellodernden Schein — und ein Blick durchs Fenster zeigte ihr eine mächtige Kiefer, die in Flammen stand.

Die meisten Schläfer fuhren erschreckt von ihrem Lager auf.

Sie hörte Vater durch die Tür sagen: „Keine Angst! Es hat eingeschlagen, aber weder in Haus noch Scheune. Danket Gott, daß ihr in Sicherheit seid!"

Der kleine Mal Upsall fing an zu niesen und zu husten. Frau Gaylord, die mit dem Kind und seiner Mutter das Bett teilte, sagte: „Ich will lieber meine Medizin holen. Sie besteht aus Whisky, Honig und Nierenfett." Sie wärmte die Mischung in einem Zinnlöffel am Feuer, und man hörte, wie der Kleine den Inhalt mit allerlei sprudelnden Geräuschen hinunterwürgte.

Vater kam an die Tür: „Nun schlaft, was ihr könnt, und bleibt lange liegen. Es hat keinen Sinn abzumarschieren, ehe der Regen aufhört und das Wasser sich verlaufen hat."

Die Mädchen räkelten sich wohlig auf ihrem Heulager, hielten sich an den Händen und versicherten einander, daß sie keine Angst hätten.

October 18
"Thank you, Red Deer"

Dankeschön, Roter Hirsch

Als das erste ungewisse Frühlicht durch das Fenster sickerte, stand noch niemand auf. Doch bald regte es sich im Haus. Ein dumpfes Gepolter von oben — dort tobten die Jungen schon wieder auf dem Heuboden! Dann hörte man, wie einige Männer zum Vieh hinübergingen. Vater würde jetzt Trueblood striegeln, er würde Daffodil, Daisy und den Ochsen nach den Klauen und nach den Ohren sehen und mit der Hand über ihr Fell streichen und dabei nach wunden Stellen und nach Dornen suchen.

Priscilla merkte, daß fast alle ihre Nachbarinnen aufgewacht waren, aber keine wagte sich zu rühren, um die andern nicht zu stören.

Endlich brach Witwe Gaylord das Schweigen: „Jetzt hab ich's lange genug ausgehalten. Ich kann einfach nicht faulenzen."

„Ich auch nicht", sagte Priscillas Mutter und erhob sich.

Auf einmal sprachen alle durcheinander.

„Los, aufstehen! Wir können später nochmal schlafen."

„Das blöde Heu! Immer kommt's mir in die Ohren."

Sie strichen sich die Kleider glatt, kämmten sich das zerzauste Haar und erfüllten die ungewohnte Umgebung mit ihrem Geschwätz.

„Ich hab' noch nie mit so vielen Menschen zusammen geschlafen", sagte Priscilla.

„Vielleicht doch, auf der *Mary and John*", meinte Beth, „aber ich kann mich nicht mehr daran erinnern." Sie falteten die Decken zusammen und legten sie zu ihrem Gepäck. Dann brachten sie das Heu in Ordnung, daß es gleichmäßig und locker lag. Priscilla lief barfuß darüber — das zarte Kitzeln an den Sohlen war so angenehm!

Es blitzte jetzt nicht mehr, aber der Regen wollte nicht aufhören.

„So gleichmäßig wie das Atemholen", sagte jemand.

„Oder wie der Herzschlag."

Es war windstill, so daß sie Tür und Fenster öffnen konnten. Frische Luft strömte herein, und Priscilla atmete mit Genuß die feuchte Kühle. Sie war froh, daß sie nicht tatenlos herumstehen mußte.

Zu tun gab es mehr als genug. Die Mutter des kleinen Mal war dabei, Ärmel an seine rote Wolljacke zu stricken. „Das Rot wirkt so lustig neben dem Dunkeln", sagte sie, „wie Sumachblätter in einem dunklen Wald."

Deliverance saß am Fenster und häkelte an einer feinen Spitze. „Das kommt an unsere Kopfkissenbezüge", sagte sie.

Wie glücklich mußten Deliverance und Kaleb miteinander sein! Und aus unerklärlichen Gründen mußte Priscilla an die biblischen Namen Priscilla und Aquila denken.

Jetzt packten sie ihre Siebensachen aus, um sie gründlich auszulüften. Wenn der Regen nachließ, war noch Zeit genug, sie wieder zusammenzupacken.

„Wann geht's denn weiter?" fragte Beth ungeduldig.

„Vater macht sich Sorge, daß die Flüsse übertreten von dem vielen Regen", sagte Constance.

„Aber mein Vater sagt, wir sparen sogar Zeit, wenn wir warten", erklärte Priscilla mit Überzeugung. Nie würde sie an Vaters Urteil zweifeln!

Mittags brachte Tom Needham frische Milch herein, und für Witwe Gaylord noch zwei Büchsen, in denen sich weißes und braunes Pulver befand.

„Das ist für die Kinder", sagte er und zeigte ihr, wie es zuzubereiten war. „Aber seid vorsichtig. Es brennt leicht an und schmeckt dann nicht mehr."

Alles stand erwartungsvoll um sie herum.

„Was ist denn das?" fragte Gavin, der vom Boden heruntergeklettert war.

„Das hier ist weißer Zucker", erklärte sie, „und das Braune ist Kakao. Der kommt aus der Kakaobohne, die in Mexiko wächst."

Die Mädchen sahen zu, wie Witwe Gaylord die Milch abmaß und heiß machte, bis sie schäumte und eine Haut bekam. Dann mischte sie Kakao und Zucker zusammen, gab das Ganze zu der Milch und stellte sie wieder aufs Feuer.

„Ich will es nicht aufkochen lassen", erklärte sie und rührte die Flüssigkeit kräftig mit dem Löffel durch.

Gavin Crisp konnte es nicht erwarten! Er nahm den ersten Schluck zu gierig und verbrannte sich die Lippen. Priscilla schlürfte den heißen Trank mit Vorsicht und fühlte eine angenehme Wärme durch ihren Körper rinnen. Aber Mutter mußte auch aus ihrem Becher kosten.

„Wie schmeckt das nun eigentlich?" fragte Priscilla. „Süß? Oder bitter? Oder vielleicht überwürzig?" So hatte einmal jemand den Geschmack des Honigs zu beschreiben versucht.

„Es ist richtige Schokolade", sagte Witwe Gaylord und goß noch einmal nach.

Den Nachmittag mischten sich die beiden Gruppen untereinander. Die Verbindungstüren blieben offen, so daß ein großer Gemeinschaftsraum entstand. Die siebenundfünfzig Menschen saßen oder standen herum und schauten in den rinnenden Regen hinaus.

„Da wir nun einmal hiergeblieben sind", sagte Pastor Laneham, „wollen wir den Tag ausnutzen, den uns der Herr gegeben hat."

„Um Himmels willen, jetzt wird er uns gleich abfragen", sagte

Seth. Sein sommersprossiges Gesicht verdüsterte sich zusehends. „Sag mir schnell, Priscilla, was heißt Taufe?"

„Sie ist das äußere und sichtbare Zeichen...", begann sie. „Schäm dich was, Seth, lern deinen Katechismus allein!"

Sie setzte sich feierlich auf einen Stuhl und wartete, bis sie an die Reihe kam. Sie freute sich, als der Pastor seine gütigen Augen auf sie richtete und mit einer Stimme, bei der sie immer an harten Stahl und milden Honig denken mußte, fragte: „Was heißt beten?"

Sie antwortete, wie man es sie gelehrt hatte, und verhaspelte sich vor Aufregung dabei, obwohl sie die Worte auswendig wußte: „Im Gebet bringen wir im Namen Christi unsere Wünsche nach Dingen vor Gott, die seinem Willen angenehm sind, wir bekennen unsere Sünden und übergeben uns dankbar seiner Gnade."

„Weißt du auch, was das bedeutet, mein Kind?"

„Ja, Sir. Ich sage zu Gott: ‚Hilf mir, vergib mir — und danke'."

Der Pastor lächelte und sagte irgend etwas über die Wahrheit, die aus dem Mund der Unmündigen kommt.

Dann wurde gesungen. Das war der große Moment für Roger Crisp, der nichts lieber tat als die Choräle zu „dirigieren", nämlich einen Vers mit seiner vollen, klaren Stimme vorzusprechen und dann das Zeichen zum Anstimmen zu geben. Priscilla fand, daß dabei der Takt manchmal zu langsam herauskam, aber sie blieben immer hübsch bei den richtigen Worten, selbst wenn sie nicht allen geläufig waren. Ja, sie hatten ihn schon nötig, denn sie waren nicht besonders sicher im Text. Roger Crisp sprach immer vier Verszeilen vor, und mehr als vier konnte sie nicht auf einmal behalten.

> Des Herren Wort wahrhaftig ist,
> magst wohl getrost drauf bauen;
> was Gott zusagt, hält er gewiß,
> bei ihm ist Glaub und Trauen.

Als die Andacht vorüber war, schlug Beth das „Benimm-Spiel" vor. „Kennst du es, David?"

David machte zunächst ein etwas ratloses Gesicht, dann strahlte er: „Ich weiß, jeder muß etwas über gutes Benehmen sagen."

„Ja", sagte Constance, „manche sind aus dem *Buch des guten Benehmens* und manche woanders her. Fang an, Priscilla."

Priscilla legte gleich los: „Vor einem grauen Haupt sollst du aufstehen und die Alten ehren."

Beth war an der Reihe: „Sprich nicht mit vollem Mund!"

„Vergiß nie ‚bitte' und ‚vielen Dank' zu sagen", setzte Constance fort.

Und dann begannen die Jungen zu necken.

„Schnitz deinen Namen nicht in den Tisch!"

„Räkel dich nicht am Tisch!"

„Rauche nicht in Gegenwart von Damen." Diese Weisheit gab Barnabas Barland zum besten. Schallende Heiterkeit. War das ein Witz! Sie wußten ja, daß von ihrem Mannsvolk keiner je eine duftende Pfeife rauchen würde — und noch gar vor Damen! Niemand durfte rauchen, nicht einmal im Wald — nicht innerhalb fünf Meilen von einem Haus. So lautete die Vorschrift.

Seth machte den Beschluß: „Leg deine schmutzigen Füße nicht auf den Tisch!"

Der kurze Herbsttag neigte sich seinem Ende zu, und das Spiel wurde allmählich ermüdend. Es regnete noch immer.

Stille herrschte im Raum, bis Gavin das allgemeine Lieblingsthema anschlug: „Erzählt uns noch was von der *Mary and John!*" Davon konnten die Kinder nie genug hören, die zu jung waren, um sich an die Seefahrt zu erinnern, oder die in Neu-England geboren waren. Und die Großen wurden es nicht müde, davon zu erzählen.

„Es war ein gutes Schiff", fing Roger Crisp an. „Eine Vierhundert-Tonnen-Bark . . ."

„Die Leute, die 1620 'rüberfuhren", sagte Markus Barland stolz, „hatten nur eins von hundertachtzig Tonnen, die *Mayflower.*"

„Auf der *Mayflower* waren hundertzwei Personen", fügte Frau

66

Barland hinzu. „Die Mary and John hatte hundertvierzig an Bord. Wir hatten uns auch besseres Wetter ausgesucht. Die andern sind im November in New Plymouth gelandet und mußten lange nach einem Platz suchen, wo sie siedeln konnten."

„Stammten die meisten aus demselben Ort?" wollte Beth wissen, die noch sehr an England hing.

„Natürlich", erwiderte Witwe Gaylord. „Die meisten kamen aus Dorsetshire und aus Devon."

„Wie lange haben wir gebraucht?" fragte Samuel, der es immer wieder vergaß.

„Siebzig Tage", sagte Mutter. „Wir landeten am 30. Mai 1630, ganz nahe bei unserer Siedlung in Dorchester."

„Wie alt war ich damals?"

„Du warst noch gar nicht da, mein Junge. Du bist 1631 geboren, als wir schon ein Jahr im neuen Land waren. Du bist also ein Amerikaner. Das heißt, wir sind natürlich alle Untertanen Seiner Majestät Karls I." Nach einer Pause fügte sie hinzu: „Der sich allerdings wenig um uns kümmert."

„Und wißt ihr auch noch", fragte die Witwe Gaylord, „wie wir jeden Tag eine lange Predigt hatten bei unseren zwei Pastoren, Gallop und Laneham?"

Seth zog die Schultern hoch. Priscilla wußte, daß er an die langen Stunden dachte, in denen er hatte ruhigsitzen und die langen Reden anhören müssen, von denen er nichts verstand.

Hopestill Crisp erzählte ihren kleinen Brüdern in allen Einzelheiten von den unvergeßlichen Wochen, da sie in Höhlen gewohnt hatten.

„Ich möchte nicht nochmal in Höhlen wohnen", sagte Beth und schüttelte sich.

„Wart's ab", sagte ihr Vater. „Vielleicht bist du noch auf dieser Reise eines Tages froh, wenn du wieder einmal in eine Höhle kriechen kannst."

Tom Needham trat ein. Er hatte Mehl geholt, aus dem der Maisbrei gekocht werden sollte. Fleisch war noch vom letzten Abendessen da.

Dann hängte er an Drähten Äpfel auf, für jedes der kleineren Kinder einen, nicht zu nahe am Herd, damit sie nicht anbrannten, aber nahe genug, daß die roten Schalen runzlig wurden und aufplatzten, so daß der duftende Saft herausquoll. Dann füllte er die Becher mit kaltem Apfelwein und tat in jeden einen Apfel, der sprudelnd und zischend in der Flut versank. Das Getränk hatte gerade die richtige Wärme und war zugleich süß und herb.

„Das ist eine Brat-Krabbe", sagte er und strahlte, weil alle so vergnügt waren.

„Eine Krabbe?" fragte Priscilla und dachte an die Krabben an der Seeküste.

Darauf erklärte Mutter, daß in Devon die Äpfel Krabben hießen — sie hatte es schon fast vergessen. In diesem Land hießen nur die kleinen, bitteren Äpfel so.

Samuel rutschte der Becher aus der Hand, und der schöne Apfelwein ergoß sich über den Herd.

„Macht nichts", sagte Tom Needham, als Saul den heilgebliebenen Becher auflas und wieder füllte. „Was du nicht zerschlagen, sollst du nicht beklagen!" Und sein herzhaftes Lachen erfüllte den Raum wie Sonnenschein.

In diesem Augenblick ging die angelehnte Tür auf, und der von Nässe triefende Goliath erschien auf der Schwelle mit Beths gelbem Kätzchen in der Schnauze, das draußen herumgestreunt war. Beide machten sich's am Feuer bequem. Natürlich rochen sie, aber wer hat schon etwas gegen den Geruch einer guten Katze und eines treuen Hundes?

Priscilla bekam Sehnsucht nach ihrem Kätzchen Queen Bess. Das fuhr aber auf dem Schiff und fing Mäuse.

Es war Zeit zum Schlafengehen. „Ich wollte, wir könnten hier

I miss my cat Queen Bess. She is on the boat to catch mice.

bleiben", sagte Beth, als sie ihr Heulager aufsuchten. „Ist Meister Needham nicht ein guter Mann — und so lustig!"

Priscilla zitierte einen Bibelvers, um ihn zu beschreiben: „Ein fröhlich Herz macht das Leben gut."

Priscilla hatte kaum einige Stunden geschlafen, als dröhnender Hufschlag sie weckte. Sie hörte eine singende Stimme. Es klang wie „Guter Freund! Guter Freund!" Mit diesen Worten begannen die Erwachsenen manchmal ihre Briefe. Aber wer mochte um diese Zeit Briefe schreiben oder vorlesen? Sie setzte sich auf und lauschte.

Inzwischen waren auch die andern munter geworden und horchten hinaus. Aaron Gaylord, der um diese Zeit die Wache hatte, versuchte, sich mit den beiden Reitern zu verständigen, die näher herangeritten waren.

„Gefahr", sagte der eine. „Ich, Roter Hirsch, kommen warnen. Dies mein Bruder, heißen Blauer Blitz. Wo mein Freund Matthäus Grant?"

Man hörte noch einige hastige Worte, dann kam Vater an die Tür und sagte ernst: „Roter Hirsch und sein Bruder sind gekommen, uns zu warnen. Die Pequots und die Mohawks sind auf dem Kriegspfad. Sie haben es auf Needhams Hof abgesehen. Vielleicht wollen sie sengen und morden, vielleicht auch nur plündern."

„Hier nicht sicher", sagte Roter Hirsch, der vor der Haustür stand und nach allen Seiten umherspähte. Er hatte ein schmales, dunkles Gesicht mit klugen Augen und stark hervortretenden Backenknochen.

„Mohawks töten", sagte Blauer Blitz.

Sie berieten hin und her.

„Mit unsern Gewehren und hinter diesen festen Wänden können wir es gut mit ihnen aufnehmen", meinte Aaron Gaylord und zeigte auf die schmalen Öffnungen in den Palisaden. Sie waren mit Lehm verstopft und hatten gerade die richtige Größe, um als Schießscharten zu dienen.

„Aber wenn wir in ihre Hände fallen?" fragte Pastor Laneham.

„Dann werden die Frauen und Kinder zu Sklaven gemacht", sagte Roger Crisp, „wenn es nicht noch schlimmer kommt."

„Ja", sagte Matthäus Grant, „dann werden wohl unsere Skalpe an ihren Gürteln hängen."

Also Aufbruch — Aufbruch noch vor Tagesgrauen, im rinnenden Regen und über durchweichten Boden!

„Wir werden den Bay-Pfad verlassen müssen", erklärte Vater. „Roter Hirsch und sein Bruder raten uns, nach Norden auszuweichen, bis wir wenigstens eine Tagereise weit aus ihrem Bereich sind. Sie wollen uns führen."

Aber was würde aus Tom Needham und Saul werden?

„Kommt mit", drängte Michael Allen. „Die Mohawks und die Pequots kennen keine Gnade."

„Nein", sagte Tom Needham, „ich bleibe auf meinem Hof. Ich habe eine flinke Zunge. Der Hurrikan hat das Getreide der Indianer vernichtet, und mein Lager ist voll genug, um mit ihnen handelseinig zu werden."

„Und Roter Hirsch sagt, daß die Narragansetts uns zu Hilfe kommen wollen", fügte Saul hinzu. „Auch ich bin fürs Hierbleiben, Vater."

Der Abschied war zu hastig, um traurige Gefühle aufkommen zu lassen.

„Wenn wir schon bei dem Wetter losmüssen, dann aber sofort", sagte Matthäus Grant, indem er seinem alten Freund die Hand schüttelte.

„Eilen!" mahnte Roter Hirsch.

„Schnell", sagte sein Bruder. „Schnell, sonst sterben."

Der Morgen war kalt. „Zieh dein Wildledernes an, Rock und Jacke", sagte Priscillas Mutter, als das Mädchen sich ankleiden wollte. „Dann bleibst du warm und trocken."

Mutter gab ihr noch ein Stück Fell, das sie über ihr Bündel streifen sollte, sowie ein dreieckiges Stück weiches Rehleder als Kopftuch. Priscilla zog sich kurze Wollsocken an und ihre Mokassins. Die schweren Schuhe würden erst später an die Reihe kommen.

Dann kam der Befehl zum Aufbruch: „Beide Gruppen marschieren so schnell sie können. Jeder paßt auf seinen Nebenmann auf. Kinder müssen bei den Eltern bleiben oder bei einem andern Erwachsenen." Pastor Laneham half seiner Frau und dem Töchterchen aufs Pferd und sagte: „Maria und Joseph sind auch mit ihrem Kind vor ihren Feinden geflohen, und sie hatten nichts als ihren Esel."

„Du hast recht", erwiderte sie. „Wir sind nicht allein, wir haben treue Freunde und gute Pferde."

„Aber nicht bummeln!" sagte er und gab dem Pferd einen Klaps auf die Flanke.

Silas Wheelwright schwenkte eine brennende Fackel. Die wird's nicht lange aushalten in der Nässe, dachte Priscilla. George Gridley hatte eine Laterne mit ausgestanzten Metallwänden hervorgeholt, die im Takt seiner Armbewegungen einen matten, hüpfenden

Schein verbreitete, und Vater trug seine Laterne mit den dünnen Hornwänden.

Roter Hirsch auf seinem weißen Pony hielt sich an die Grants. Seine Augen schienen die dichteste Finsternis zu durchdringen. Sein Pferd war als ein geisterhafter weißer Fleck zu erkennen, dem Priscilla folgen konnte. Daffodil und Daisy benahmen sich ganz verständig, wenn man sie mit dem Stock aufmunterte, sie hatten halt ihr eigenes Tempo.

„Mit der Pilgerfahrt ist es vorläufig aus. Jetzt heißt es laufen, vielleicht um unser Leben. Wir müssen so rasch wie möglich fort." Vaters Stimme klang besorgt und beschwörend.

Priscilla hörte, wie Mutter Samuels Ochsen eins überzog, um ihn auf den Trab zu bringen. Sie hörte auch Goliaths dumpfes Gebell, während er die Schafe umkreiste. Upsalls mußten in der Nähe sein mit ihrem kleinen Mal, der sich in den Schlaf weinte.

Auf einmal lachte sie laut heraus.

„Was gibts denn da zu lachen, Priscilla?" fragte Seth, der sich vorgenommen hatte, auf sie aufzupassen.

„Ich rieche die Ziegen", sagte sie.

Sie marschierten genau nach Norden. Feuchte Finsternis umhüllte Priscilla wie eine Wolke. Es tropfte von den Bäumen, Brombeerranken hakten sich in ihren Rock, ihr Fuß stolperte über Baumwurzeln. Allmählich verzog sich das Gewölk, Mondlicht schimmerte durch das kahle Geäst. Sie konnte nur ganz undeutliche Umrisse erkennen, aber sie hielt sich an des Häuptlings Schimmel und an den Lichtfleck von Vaters Laterne.

Eine verzagte Stimme kam aus dem Dunkel: „Sag mal was, Priscilla." Das war Beth.

„Was soll ich denn schon sagen?" antwortete sie. Sie war dem Weinen nahe.

Dann erscholl ein tapferer Laut aus der Düsternis. „A", sagte Beth.

„B!" Das war Seths Stimme — zu tief für einen Jungen und noch nicht ganz männlich.

„C!" fuhr Patience fort, und Constance ergänzte: „D!"

So wanderten sie zweimal durch das ABC. „Das hält uns zusammen, und wir denken nicht so viel an unsere Beine", meinte der praktische Barnabas.

Als sich der Pfad zu erhellen begann, trieb Vater zu noch größerer Eile, und Mensch und Tier liefen beinahe. Priscillas Gruppe versuchte, reihum einige Sprüche aus der Fibel aufzusagen, die ihnen Pastor Laneham beigebracht hatte. Der erste hieß:

> Mit Adams erstem Fall
> gesündigt haben all',
> für die der Herre Christ
> am Kreuz gestorben ist.

Seth führte das Aufsagen etwas überstürzt zu Ende mit:

> Zachäus, um den Herrn zu schaun,
> stieg flugs auf einen Apfelbaum.

Die Sonne stand schon seit einer Stunde am östlichen Himmel. Priscilla fühlte sich ganz schwach. In der Eile des Aufbruchs hatte niemand an Essen und Trinken gedacht. Sie kramte in ihrer Gürteltasche und brachte hervor, was sie an Eßbarem fand. Es waren ein Kanten Brot aus Tom Needhams Backofen und ein Stück vertrockneter Kürbis. Sie kaute vorsichtig auf beidem herum, um den Genuß in die Länge zu ziehen, da hörte sie Mutter sagen: „Kind, du bist ja schneeweiß im Gesicht." Gleich darauf hielt ihr Mutter eine Flasche an den Mund. „Nur einen kleinen Schluck", sagte sie ruhig. Es war Branntwein, von dem sie erst einmal gekostet hatte, damals, als Vater ihr den gebrochenen Arm einrichtete. Sie spürte, wie ihr eine brennende Wärme durch Kehle und Magen rann. Sogar die kalten Zehenspitzen erwärmten sich.

Dann sagte Mutter: „Mein Mann, wir sind fast zu Ende mit unseren Kräften. Sollten wir nicht rasten und etwas essen?"

„Es geht nicht", antwortete er. „Die Frauen und Kinder mögen aufsitzen, soweit es irgend geht."

Er half Mutter auf Trueblood, und Maleachi Upsall hielt seiner Frau die Hände als Steigbügel hin, damit sie hinter ihrem Kindchen aufsitzen konnte.

Priscilla fragte sich gerade, ob sie vielleicht auf einem der Ochsen reiten sollte, da fühlte sie sich hochgehoben und landete auf dem Schimmel des Indianers. Es ging wie der Blitz, dann sagte Roter Hirsch freundlich: „Festhalten, Mislilla. Wir jetzt schnell reiten. Du nicht fürchten."

Selbst in diesem Augenblick fand sie es spaßig, wie Roter Hirsch ihren Namen verdrehte.

Sie blickte sich um und sah Beth hinter Blauer Blitz auf dem Pony sitzen. Mit der einen Hand hielt sie sich an seinem Gürtel fest, mit der andern umklammerte sie den Korb mit dem Kätzchen.

Priscilla fragte sich, warum manche Leute die Indianer immer „Teufel" nannten. Diese Männer hier scheuen keine Mühe, uns zu helfen, dachte sie. Und Vaters Worte fielen ihr ein: „Es gibt gute Indianer und böse Indianer, genau wie es gute und böse Engländer gibt."

An ihren Beinen fühlte sie den klebrigen Schweiß des Pferdes. Sie rief ihrem Vater zu, zeigte auf Kuh und Kalb und reichte ihm ihren Stock. Dann schlang sie vertrauensvoll die Arme um den Reiter und lehnte ihren Kopf an seinen Rücken. Sie spürte an ihrer Wange das harte, rauhe Wildleder seiner Jacke.

„Ausruhen, Missie", sagte der Indianer. „Ausruhen solange du können." Sie schloß dankbar die Augen und schlief ein. Sie erwachte auch nicht, als Roter Hirsch ein schnelleres Tempo anschlug. „Dankeschön — vielen Dank, Roter Hirsch", murmelte sie.

October 19
"We cannot go back"

Wir können nicht zurück

Sie hielten erst in ihrer Flucht inne, als es gegen Mittag bergab ging und ein Weidendickicht die Nähe eines Gewässers anzeigte.

„Tomahawk Fluß", sagte Roter Hirsch. „Ruhe und Wasser, aber erst hinübergehen."

Das Wasser des Flusses schien weiß zu sein — es suchte seinen Weg durch das felsige Bett in Tausenden von winzigen Wellen und schäumender Gischt. So rasch es auch dahinschoß, so konnte man doch den steinigen Grund deutlich erkennen. Priscilla sah, wie die Schafe hinüberschritten und nachher wie nasse Hunde das Wasser abschüttelten. Henoch und David Gaylord brachten die ängstlich quiekenden Schweine glücklich hinüber. Mutter trieb Daffodil und Daisy und die Ochsen in die Strömung, dann stieg sie auf Trueblood und gelangte trockenen Fußes ans andere Ufer. Bevor Priscilla Zeit hatte zu erschrecken, stürzte sich die Stute des Häuptlings in die schäumende Flut. Leichtfüßig und sicher schritt sie von Stein zu Stein und erklomm anmutig und gewandt die Böschung.

„Jetzt runter", sagte Roter Hirsch.

Während sich die Tiere satt tranken, streckten sich die einen flach auf den kiesigen Strand und versuchten zu schlafen, andere hielten eine kurze Mahlzeit und wieder andere taten sich an dem Apfelwein gütlich, mit dem sie bei Tom Needham ihre ledernen Flaschen gefüllt hatten. Priscilla hörte Roger Crisp sagen: „Wir sind jetzt mindestens zehn Meilen von Needham entfernt."

Zehn Meilen! In kaum mehr als zwölf Stunden! Wie ein Traum

75

erschien ihr jetzt der kurze Besuch — weit fort und lange her. Aber Priscilla wußte, daß sie nie und nirgends ihren gütigen, liebenswerten Gastfreund vergessen würde.

„Wir jetzt weiter", sagte Roter Hirsch. „Du reiten?"

„Ich bin jetzt ausgeruht", erwiderte sie. „Ich kann schon eine Weile gehen."

Der Weg führte noch immer fast genau nach Norden. Priscilla sah es an der Sonne, die ihnen zur Linken stand.

Roter Hirsch winkte seinem Bruder, und sie begriff, daß die Indianer zu den Brüdern Wheelwright wollten, die die Spitze des Zuges bildeten.

Beth war auch wieder zu Fuß und sagte zu Priscilla: „Na, da haben wir unsern Enkeln was zu erzählen! Wir sind mit Indianern auf einem Pferd geritten!"

Es war ein Segen, daß sie diese erfahrenen indianischen Führer hatten. Der Weg war jetzt nur noch ein kaum ausgetretener Pfad, und das Gestrüpp wurde immer dichter. Mose Gridley und Markus Barland nahmen ihre Äxte heraus und machten den Weg vom Buschwerk frei. Bald ging es wieder bergan, und nach einer tüchtigen Kletterei erreichten sie an einer unbewaldeten Stelle die Höhe des Kammes.

„Was ist denn das?" riefen Witwe Gaylord und Aaron wie aus einem Mund und zeigten nach Süden. Zum grauen Himmel stieg eine noch grauere Wolke auf. Man sah, wie sie sich bewegte. Darüber wurde ein roter Schein sichtbar, der nur eins bedeuten konnte: Feuer!

Auch Roter Hirsch hatte es gesehen: „Seht! Sie brennen! Needhams Haus und Scheune!"

„Also haben sie nicht mit sich handeln lassen", sagte Mutter und weinte.

„Nein, sie wollen Blut. Wir wissen", sagten die beiden Indianer.

„Blut?" stammelte Priscilla. „Soll das heißen . . .?"

76

„Betet zu Gott, daß Tom und Saul entkommen sind." Matthäus Grant sprach aus, was alle dachten. Aber sie spürten, daß er wenig Hoffnung hatte.

„Er büßt für die Missetaten anderer Weißer", fügte er hinzu „Tom hat niemand ein Leid getan. Aber so geht es oft."

„Werden die Pequots und Mohawks jetzt zurückgehen?" fragte Frau Laneham zitternd.

„Vielleicht ja — vielleicht nein", sagte Roter Hirsch. Es klang wenig ermutigend. „Jedenfalls sie warten eine Nacht. Tanzen und trinken."

„Meint ihr, wir sollten noch weiter noch Norden?" fragte Vater.

„Noch paar Meilen. Dort Höhlen von meinem Stamm. Abends lagern."

„Und morgen geht's zurück zum Bay-Pfad?"

„Sehr gefährlich", erwiderte Roter Hirsch trocken. „Besser nicht. Besser noch eine Tagereise Nordwest. Dort Narragansetts Lager."

„Roter Hirsch hat uns gerettet", sagte Vater, als einige zu murren begannen. „Ich meine, wir sollten ihn entscheiden lassen."

„Aber", wandte Maleachi Upsall ein, „das bedeutet fünf verlorene Tage, selbst wenn alles gut geht."

„Wenn schon — besser wir verlieren fünf Tage als unsere Skalpe, die dann an den Gürteln der Mohawks hängen."

Die Höhlen, zu denen die Indianer sie im Abendzwielicht führten, waren gegrabene Löcher in der Böschung eines Bachufers, hinter verdorrten Zweigen verborgen. Als man sie weggeräumt hatte, zeigte sich, daß die Höhlen in gutem Zustand waren.

„Kaum ein Erdbrocken ist heruntergefallen", sagte Frau Crisp.

„Sie sind sogar trocken!" rief Mutter.

Die Decken waren mit hölzernen Pfosten abgestützt, für die man junge Bäume verwendet hatte. In einigen Höhlen war die Decke sogar mit Fellen verkleidet.

„Kein großes Feuer machen", warnte Roter Hirsch. Er zeigte ihnen zwei einfache Feuerstätten, bestehend aus zusammengewälzten Steinblöcken, denen ein überhängender Fels als Dach diente.

„Hier Feuer machen. Kochen. Nur kleiner Rauch!"

Mit Hilfe von Feuerzeug und Kienspänen wurden dicht vor den Höhlen spärliche Feuer angezündet. Sie hüteten sich, Reisig zu benutzen, weil dann Rauch und Funken weithin sichtbar zum Himmel gestiegen wären. Zum Abendbrot brachten ihnen die Indianer gepökeltes Wildbret und gekochte Yamswurzeln. Auch von dem Fleisch, das sie von Tom Needham mitbekommen hatten, war noch etwas übrig, und irgend jemand hatte noch Apfelsirup und Walderdbeerenmarmelade. Ihrer Sicherheit zuliebe verzichteten sie gerne auf warmes Essen!

Vater las aus der Genfer Bibel vor, und Pastor Laneham sprach ein Gebet, in dem er dem Herrn für ihre Errettung dankte. Er sprach es ohne Buch, aber Priscilla erkannte die schönen alten Worte, die oft erklungen waren, ehe einer der Ihren auf den Gedanken kam, das abgelesene Gebet zu verwerfen.

Es war eine sternklare Nacht, und die meisten zogen es vor, im Freien zu schlafen, in der schon gewohnten radförmigen Anordnung. Sie legten sich Felle unter, um sich gegen die feuchte Ausdünstungen des Bodens zu schützen. Einige der Mütter und kleinen Kinder schliefen mit dem Rücken gegen die Höhlenwand gelehnt, die Füße nach dem schwachen Feuer vor dem Eingang gerichtet. „Wenn der Dreck herunterkommt, kriechen wir eben wieder 'raus", sagte Samuel mit der Gelassenheit eines alten Mannes.

Während ihr schon die Augen zufielen, hörte Priscilla zum erstenmal jemand vom Umkehren sprechen. Umkehren? Aber man mußte doch durchführen, was man begonnen hatte! Andererseits sollte man aber stets vernünftig handeln! Manchmal schienen ihr Vaters zwei Hauptgrundsätze schwer miteinander vereinbar.

Upsalls äußerten Sorge wegen der Gesundheit ihres Kindes,

Bartholomäus Dyer und seine Frau hatten Heimweh nach ihrem schönen Haus in Dorchester.

„Ohne Führer können wir nicht nach Dorchester zurück", sagte William Makepeace. „Vielleicht, wenn wir wieder auf dem Bay-Pfad sind . . ."

Dann hörte sie nichts mehr.

Nichts mehr, bis Pferdegetrappel und ein rauhes „Halt!" des Wächters sie jäh aus dem Schlaf rissen.

„Gott sei Dank, daß ich noch halten kann", sagte der Ankömmling und ließ sich aus dem Sattel fallen.

„Saul! Saul Needham!" rief Aaron Gaylord. Im Nu waren alle auf den Beinen und drängten sich um ihn.

Seine Stute und das Pony, das hinterhergelaufen kam, waren in Schweiß gebadet. Henoch und David Gridley — erfahrene Tierpfleger — sattelten sie sogleich ab und rieben sie mit Heu trocken.

Sauls Kleider waren mit Blut und Schweiß befleckt. Seine linke Schulter schien stark geblutet zu haben. Das eine Auge war blauschwarz zugeschwollen. Außerdem wies er eine böse Stichwunde am Arm auf.

Während sie ihn auf ein Lager von Kiefernzweigen betteten und ihm die Jacke auszogen, stellte Matthäus Grant die Frage, vor der sich alle fürchteten: „Und Tom?"

„Tot", würgte Saul mühsam hervor.

Priscilla ging ihrer Mutter zur Hand, die die Wunde mit warmem Wasser auswusch und Verbandstoff von ausgezupfter sauberer Leinwand darauf legte. Sie staunte über Mutters Umsicht. Immer hatte sie zur Hand, was gerade benötigt wurde! Dann holte Mutter eine Flasche hervor und hielt sie Saul an den Mund. „Selbst gebraut", sagte sie. „Das wird das Gift austreiben."

Aus den verworrenen Reden, die Saul in seinen nächtlichen Fieberträumen führte, konnte man sich ein Bild machen von dem, was geschehen war.

79

„Sie haben ihn umgebracht", sagte er immer wieder. „Andere Weiße hatten sie betrogen, aber Vater niemals."

Später sagte er ruhiger: „Skalpiert haben sie ihn nicht. Sie haben seine Leiche mit dem Haus verbrannt."

Priscilla sah, wie Vaters Fäuste sich ballten und wie sein Gesicht sich verhärtete. Dann beugte er sich über den Leidenden und sagte: „Saul, du bist von jetzt an mein Sohn. Wenn du kannst, erzähle uns, wie du entkommen bist."

Saul brauchte lange zu seinem Bericht, aber anscheinend drängte es ihn, sich auszusprechen.

„Zwei von ihnen hielten mich fest . . . Sie wollten mich wohl zum Sklaven machen — oder auch später martern . . . Ich riß mich los . . . Einen hab ich mit einem Schlag betäubt, den andern niedergestochen . . . Ein gut gezielter Stich . . . Vater hat es mich gelehrt."

Matthäus Grant flößte ihm einen Schluck Branntwein ein, dann fuhr Saul schneller fort: „Vater und ich hatten diese zwei Pferde an einem versteckten Platz im Wald angebunden. Wir hatten ihnen Bären- oder Biberfelle und eine Wolldecke aufgelegt, und Eßvorrat war auch dort . . . Die Stute ist immer dem Pfad gefolgt, auch wenn ich nicht ganz bei Sinnen war und sie nicht lenken konnte. Und das Pony immer hinterher. Gebt Witwe Gaylord das Pony, sie war die Freundin meiner Mutter. Und sorgt für Morgenröte, meine Stute."

Dann schlief er ein.

„Ob er morgen imstande ist, mit uns weiterzuziehen?" fragte Pastor Laneham.

„Wenn nicht, dann bleiben einige von uns bei ihm", sagte Matthäus Grant. „Wir werden ihn nicht im Stich lassen."

Obwohl Saul schlief und ruhig atmete, hörte er nicht auf, sich hin und her zu werfen.

„Vielleicht hat er irgend etwas Störendes unter dem Hemd stecken", meinte der Pastor.

„Ich werde einmal nachsehen", sagte Vater.

Er tastete Sauls Körper vorsichtig ab und zog schließlich einen länglichen Beutel aus Segeltuch hervor, der ziemlich schwer zu sein schien.

Als man ihn aufband, kamen funkelnde Goldmünzen zum Vorschein.

„Ich werde sie für ihn aufheben", sagte Matthäus Grant. „Wie wenig kann man doch mit Gold in dieser Wildnis anfangen!"

October 20
"Better than a heated stone"

Besser als ein heißer Stein

Als der Samstagmorgen heraufdämmerte, lag ein weicher, kühler Nebel über dem Land.

Es gab kein Zögern. Roter Hirsch hatte ihnen geraten, ihren Marsch fortzusetzen, und Sauls Bericht nahm ihnen jedes weitere Überlegen ab.

Priscilla zog ihr wildledernes Kleid mit der Jacke an, obwohl sie die unförmige Erscheinung haßte, die sie darin abgab. Sie aßen rasch etwas Kaltes und tranken heißen Apfelwein dazu. Priscilla hörte, wie Roter Hirsch mit ihrem Vater und Michael Allen redete: „Ich mit euch gehen", sagte er. „Blauer Blitz reiten zurück zu unserm Stamm."

Falls die Pequots und die Mohawks noch auf dem Kriegspfad wären, würde er sofort umkehren und im Lauf der Nacht zurück sein. Im andern Fall könnten sie sich getrost wieder nach Süden wenden und ihrem ursprünglichen Reiseweg folgen.

„Ich komme auf Adlersflügeln", sagte er. Priscilla fand den Vergleich poetisch. Und dann fiel ihr ein, daß er von den Pequots gefangen und getötet werden könnte — und wer würde sie dann warnen?

Blauer Blitz schwang sich gewandt auf sein Pferd, warf es herum und sprengte davon in der Richtung, aus der sie gekommen waren.

Noch ehe das Vieh zusammengetrieben war, machten sich, auf des Häuptlings Rat, einige Männer und Jungen mit Äxten und Beilen auf den Weg. Mose Gridley war auch dabei mit seiner Säge. Man würde schon sehen, wie nützlich sie war! Sie verließen jetzt den noch verhältnismäßig gut erkennbaren Pfad und folgten einer Wegspur die seit vielen Monaten nicht mehr benutzt sein mochte. Roter Hirsch hatte seinem Reitgepäck eine Axt entnommen, eine Steinaxt, die mit Lederschnüren an einem Eichenholzstiel befestigt war. Schon der keulenähnliche Griff sah gefährlich aus! Eine Steinaxt hatte Priscilla noch nie gesehen. Roter Hirsch bemerkte ihren neugierigen Blick und hielt ihr die Waffe hin. „Fühlen", sagte er.

Die Schneide war schmal und scharf.

„Da bin ich bloß froh, daß du mein Freund bist!" sagte sie und gab ihm die Axt zurück.

„Dieser Weg drei Meilen", sagte er und zeigte nach Nordnordost. „Dann wir kommen auf breiterem Pfad in unser Lager."

„Nach Osten?" rief Maleachi Upsall. Es war ihm anzuhören, daß er am liebsten umgekehrt wäre.

„Jawohl, nach Osten", sagte Matthäus Grant, als ob er Maleachis Gedanken erraten hätte. „Und es wäre Wahnsinn, wenn jemand allein nach Dorchester zurückkehren wollte. Höchstens in einer größeren Gruppe."

„Ich habe keine Angst vor dem Weitermarsch", antwortete Maleachi. „Aber bei dem bisherigen Zeitverlust fürchte ich für Frau und Kind."

„Da ist er nicht der einzige", erklärten mehrere mit Nachdruck.

„So geht's uns doch allen", sagte Michael Allen. Aus seinem blassen Gesicht sprach tiefe Sorge. „Wir wollen offen miteinander reden. Ihr wart bisher damit einverstanden, daß unser Ausschuß bestimmt. Er besteht aus dem Pastor, Grant, Crisp und mir. Wenn wir wieder auf dem Bay-Pfad sind, reden wir nochmal darüber."

„Wir sind noch in großer Gefahr", mahnte Roger Crisp, „und während wir endlos hin und her reden, wird sie bestimmt nicht geringer."

Die Pioniere, so nannte sich der Vortrupp, hatten sich inzwischen in dem Gestrüpp und dem dichten Unterholz vorgearbeitet. Roter Hirsch warf Priscilla die Zügel seines Pferdes zu und schloß sich ihnen an, und bald hallten die mächtigen Schläge seiner Axt durch den Wald.

„In einer halben Stunde könnt ihr folgen", hatte es geheißen.

Die Frauen waren froh, sich noch etwas Zeit lassen zu können. Das Lager mußte doch in gutem Zustand verlassen werden!

Sie verkleideten die Höhleneingänge wieder mit Zweigen. Dann traten sie die Reste des Lagerfeuers aus und verwischten die Spuren, so gut es ging.

Saul schlief noch. Vater hatte sich nicht den Pionieren angeschlossen. Er wollte sich des Kranken annehmen. Saul stöhnte, als sie seine Decke zurückschlugen. Er konnte kaum das eine Auge öffnen, doch er sagte gleich: „Ich muß los! Ich muß Vater rächen!"

„Die Rache ist Gottes", erwiderte Mutter sanft, „und du handelst bestimmt im Sinn deines Vaters, wenn du dich selbst am Leben erhältst. Wir müssen zunächst sehen, daß wir das Lager unserer indianischen Freunde erreichen."

Sie nahm mit Vaters Hilfe den Notverband ab. Die Wunde hatte sich noch nicht geschlossen, aber sie sah auch nicht schlimmer als in der Nacht aus.

„Ich sehe keine verdächtigen roten Streifen", sagte Mutter. „Sie wird zuheilen."

„Gottlob ist es ein Messerstich und kein Pfeilschuß", fügte Vater hinzu. „Pfeile verursachen böse, gezackte Reißwunden, und außerdem sind die Spitzen vielfach vergiftet."

Mutter wusch die Wunde nochmals mit warmem Wasser aus, dem sie eine Prise Salz zugesetzt hatte. Saul zuckte zusammen, aber er wußte, daß Salz die Wunde sauberhalten würde. Dann holte Mutter einen langen schwarzen Wollschal hervor und machte daraus eine Schlinge für seinen verwundeten Arm. „Wolle hält warm", sagte sie, als Saul sich sträubte, „und Wärme tut der Wunde gut."

Saul nahm einen Schluck Milch und einen Bissen Fleisch zu sich, schüttelte sich dann wie ein junger Hund und erklärte: „So, jetzt bin ich soweit."

„Hier ist noch dein Gold", sagte Matthäus Grant.

„Ach so — daran hab' ich gar nicht mehr gedacht", sagte Saul und steckte den Beutel wieder unter sein Hemd. „Vielleicht kann es uns in Connecticut von Nutzen sein ... Vater hatte viel Gold unter dem Herd vergraben. Eines Tages ..." Dann fiel ihm sein Versprechen vom letzten Abend ein. „Also, Witwe Gaylord bekommt mein Pony."

Als sie ihm aufs Pferd halfen, merkten sie erst, wie schwach er war. „Vielleicht kann ein Junge vor mir sitzen und die Zügel nehmen", sagte er.

„Samuel?" fragte Vater.

„Ja, gut", sagte Saul. „Dieser Samuel und dieser Saul werden sich auf jeden Fall besser vertragen als die in der Bibel."

Stolz ergriff Samuel den ledernen Zügel, während Saul den rechten Arm um den Jungen legte. Priscilla sah, wie seine Schultern zuckten. Saul weinte.

„Sprecht jetzt nicht mit ihm", sagte Mutter. „Er wird mit seinem Kummer am besten allein fertig."

Die beiden Gruppen marschierten in der gleichen Ordnung wie in den ersten Tagen, nur daß sie dicht hintereinander gingen und daß die Lanehams sich Allens Gruppe angeschlossen hatten.

Priscilla beobachtete, wie Silas und Benjamin Wheelwright ihre Pferde bestiegen. Heute bildeten sie nicht mehr die Spitze.

Das Quieken der Schweine, das Geblök der Schafe, die Geschäftigkeit der tüchtigen Schäferhunde—wie vertraut war das alles! Ihr kamen die hastige Flucht des gestrigen Tages und Tom Needhams schrecklicher Tod ganz unwirklich vor.

Da Samuel jetzt zu Pferde saß, mußte Priscilla ihrer Mutter helfen, die Ochsen auf dem Weg zu halten. Es wäre bequemer gewesen, auf einem von ihnen zu reiten, aber sie wollte die Traglast der Tiere nicht noch weiter erhöhen.

Die vergnügte Stimmung des ersten Reisetages wollte nicht wieder aufkommen, so sehr sich die Mädchen auch darum bemühten.

„Kommt, wir wollen uns erzählen, was wir in Connecticut alles machen werden", schlug jemand vor.

„Ich werde ein sauberes Kleid anziehen", sagte die verwöhnte Beth und betrachtete ihren verschmutzten Rock.

„Ich werde sogar ein neues kriegen", sagte Constance, „sobald wir unsern Webstuhl wiederhaben."

„Ich werde Aale fangen!"

„Oder vielleicht Salme!"

„Ich werde Liebesäpfel pflanzen", sagte Barnabas, dem sein Garten über alles ging. „Die Indianer nennen sie ‚Tomaten'."

„Ich werde mein Griechisch vervollkommnen", sagte Lukas Laneham.

„Ich werde mir ein Kanu bauen und den Fluß auskundschaften."

„Es wird schön sein, am Sabbat ins Gemeindehaus zu gehen", sagte Priscilla.

„ ... und vom Gemeindediener wachgekitzelt zu werden!" Seht konnte das Necken nicht lassen!

Wie vorausgesehen, hatten sie nach drei Stunden das schlimmste Dickicht hinter sich und stießen auf einen etwa vier Fuß breiten Weg, der von Nordosten nach Südwesten führte. Hier hielten sie eine kurze Rast. Der Nebel hatte sich verzogen, aber der Himmel war noch mit Wolken bedeckt.

„Dort ist ein blauer Klecks am Himmel, so groß wie eine Matrosenjacke", sagte Witwe Gaylord. „Das bedeutet gutes Wetter."

Während sie rasteten, kam Goliath angehumpelt, kratzte sich am Ohr und winselte.

„Dem Tier tut etwas weh", sagte Vater. „Sieh mal nach seinem Ohr, Priscilla."

Sie drehte Goliath das zottige Ohr nach außen und fand, eingebettet in die rosige Haut, ein scheußliches Ding, das wie eine blaue Kugel aussah und so groß war wie die Kuppe ihres kleinen Fingers.

Auf ihren Schreckensruf hin kam Vater herbei und sagte: „Ja, das ist eine Zecke. Sie sind anfangs klein und rot, und wenn sie sich mit Blut vollgesaugt haben, werden sie groß und blau ... Halt", fuhr er fort, als Priscilla Miene machte, das Ding anzufassen, und holte aus seinem Beutel, der alles und jedes zu enthalten schien, eine Pinzette. „Damit wird es gehen. Hauptsache, daß wir den Kopf des Plagegeistes mit 'rauskriegen."

Priscilla schüttelte sich, als sie zusah, wie die von der Pinzette umklammerte Zecke verzweifelt ihre dünnen Beinchen bewegte.

„Du hast mir gesagt, man solle alle Lebewesen achten, Vater", sagte sie. „Aber eine Zecke kann ich nicht achten!"

„Nun sieh nach der Pfote", sagte Vater.

Dort fand sich zwischen den Zehenballen eine weitere Zecke. Goliath blieb geduldig auf drei Beinen stehen, während sie den Störenfried entfernten. Dann fühlte Priscilla seinen Körper ab und entdeckte mehrere Verdickungen. Zum Teil war es gewöhnlicher Schorf, aber sie fand auch fünf weitere, blutgefüllte blaue Zecken, die herausgehoben und zertreten werden mußten.

„Armer Goliath", sagte sie, „mit einem großen Wolf kannst du kämpfen, aber gegen so eine winzige Zecke bist du machtlos."

„So ist es mit vielem Bösen", sagte Vater und ging weiter.

Sie bogen jetzt nach Nordosten ab und folgten dem Pfad der Neponsets. Roter Hirsch kam zurück und ließ sich sein Pferd geben.

„Ich vorausreiten. Sagen ihr kommen. Ihr schnell kommen!"

Offenbar bangte er noch immer für ihre Sicherheit.

„Könnte Roter Hirsch uns nicht in eine Falle locken wollen?" fragte Kaleb Allen, der gekommen war, um ein Stück mit Deliverance zusammen zu gehen.

„Ich habe ihm von Anfang an vertraut und dabei bleibe ich", antwortete Matthäus Grant.

„Natürlich", sagte Deliverance unschuldig, „er hat doch sein Leben aufs Spiel gesetzt, um uns zu warnen."

„Du hast recht", gab Kaleb zu. „Wie schnell vergessen wir doch!"

Zwei Stunden vor Sonnenuntergang erreichten sie das Lager, das in einer kreisrunden Waldlichtung gelegen war.

„Das ist gut", sagte Frau Crisp. „Nach Sonnenuntergang sollten wir nicht mehr arbeiten."

Sabbat! Priscilla hatte gar nicht mehr daran gedacht. Sie wußte, daß Vater es im Fall einer Gefahr durchgesetzt hätte, daß sie weitermarschieren. Vater war eben ein verständiger Mann. Aber noch hatte Blauer Blitz kein Warnzeichen gegeben.

„Werden wir hier den Sabbat verleben?" fragte Witwe Gaylord, die neben ihrem neuen Pony her ging. Tomneedham hatte sie es kurzweg genannt, als sei es ein Wort.

„Ja, wenn nichts dazwischen kommt", erwiderte Roger Crisp.

Die Feuer der Indianer loderten hoch zum Himmel.

Der aufsteigende Rauch ist einladend und freundlich, dachte Priscilla. Sie verspürte Hunger. Hoffentlich würde es etwas Warmes zu essen geben — wenn sie auch über das Essen der Indianer schon die seltsamsten Dinge gehört hatte.

Jetzt kam Roter Hirsch zurück, um sie ins Lager zu geleiten. Man wußte, daß seine Familie im Süden lebte, aber dies hier waren seine Freunde und Verwandten.

„Keine Angst, Mädels", sagte Matthäus Grant. „Die Indianer hier sind unsere Freunde und tun uns nichts."

„Und benehmt euch anständig", ergänzte Mutter. „Vor allem macht keine überraschten Gesichter, mag kommen was will."

Auch Roger Crisp mahnte zur Vorsicht. „Wir dürfen sie in keiner Weise kränken."

„Natürlich nicht", sagte Pastor Laneham. „Wir sind ja völlig in ihrer Hand."

„Vor denen hab' ich keine Angst", prahlte Seth. „Ich nehm's mit jeder Rothaut auf, und wenn sie zweimal so groß ist wie ich."

„Das wirst du hübsch bleibenlassen", sagte seine Mutter ernst, „sonst kann's dir gehen wie Tom Needham." Diese Worte brachten Seth schnell zur Vernunft.

Die Erwachsenen hatten unterwegs ihre Ansichten über diesen Stamm ausgetauscht. „Das sind John Eliots betende Indianer", hatte jemand gesagt.

„Das heißt, sie sind Christen?"

„Pastor John Eliot besucht sie von Roxbury aus. Dreißig Meilen Reiseweg! Roter Hirsch meint, er kommt vielleicht morgen. Er hat einen Neponset als Führer bei sich — Rauher Jäger heißt er — den John Eliot aus der Sklaverei losgekauft hat. Er reist nun mit dem Pastor durchs Land und trägt ihn sogar auf dem Rücken, wenn es notwendig ist."

„Roxbury?" rief Maleachi Upsall. „Das ist ja in der Nähe von Boston!"

„Und Boston ist schon beinahe Dorchester", ergänzte Roger Crisp. „Ich weiß schon, was du denkst."

„Wenn Pastor Eliot morgen kommt, und wenn er seinen Führer mit hat — könnten wir nicht mit ihm heimgehen? Ich meine alle, die es gerne möchten."

„Wir wollen sehen, was sich tun läßt. Einstweilen behalte deine Weisheit für dich!"

Inzwischen hatten sie das Lager erreicht. Die Indianer lächelten freundlich und ließen dabei ihre schimmernden Zähne sehen. Priscilla betrachtete sie genauer. Einige der jüngeren Männer trugen nur ein Lendentuch oder einen Schurz mit Fransen. Manche hatten schmale Tücher über die rechte Schulter gelegt, die an der linken Hüfte befestigt waren und die linke Schulter frei ließen. Die Mädchen in ihrem Alter trugen ein Gewand, das anscheinend nur aus einem Tuch oder einem Fell bestand mit einem Loch darin, um den Kopf hindurchzustecken. Aber immer blieben große Teile des Körpers unbedeckt, und Priscilla fiel auf, wie sehr die Haut im Feuerschein glänzte. Offenbar war sie reichlich mit Fett oder Öl eingerieben worden.

Die Neponsets — es mochten an die fünfzig sein, einschließlich der Frauen und Kinder — umdrängten sie, redeten wild durcheinander und verbeugten sich aufgeregt.

„Sie sich freuen über unseren Besuch", erklärte Roter Hirsch. „Sie auch Angst haben vor Mohawks und Pequots. Sie sich sehr freuen."

Ein kleines Indianermädchen betastete scheu Priscillas weißen Kragen und warf dabei einen Blick in den Korb mit dem gelben Kätzchen. Gleich darauf brachte es ein wollhaariges Hündchen angeschleppt. Ein anderes strich bewundernd über Priscillas kastanienbraune Flechten.

Priscilla mußte dauernd Samuel im Auge behalten, der bereits mit den Indianerjungen in ein spannendes Spiel vertieft war, das sie noch nicht kannte.

Goliath got into a fight with an Indian dog and a squaw threw water on them.

Goliath und einer der Indianerhunde waren einander in die Haare geraten. Eine Indianerfrau beendete den Streit, indem sie einen Kübel kaltes Wasser über die Streithähne ausleerte.

Obwohl die Sonne noch nicht untergegangen war, gaben ihnen die Indianer zu verstehen, daß sie sich nun setzen und essen sollten. Felle wurden auf dem Boden ausgebreitet, auf denen sie sich aufatmend und dankbar niederließen. Einige waren noch mit dem Vieh beschäftigt, aber bald waren sie alle um das Lagerfeuer versammelt. Die Indianerfrauen schöpften eine dicke Fleischsuppe aus dem Topf.

„Da wird Eichhörnchenfleisch drin sein", vermutete einer.

„Und Schweinernes!"

„Und wilder Truthahn!"

„Was ist denn das?" fragte Priscilla höflich. Hoffentlich habe ich sie nicht gekränkt, dachte sie im gleichen Augenblick, während sie ein knolliges Etwas herausfischte, das einmal weiß gewesen sein mochte.

„Kartoffel", sagte Roter Hirsch.

„Kartoffel? Kartoffeln sind doch Yams, und Yams sind gelb und süß."

„Das sein andre Art. Weiß und wachsweich. Gut zu kochen. Gut zu backen. Gut zu braten."

„Ihr pflanzen können", sagte eine Squaw. Sie holte eine rohe Kartoffel von dem Haufen am Feuer und schnitt sie auf. „Das da — Augen", sagte sie. „Ihr pflanzen. Sie dann herauskommen. Kartoffeln bleiben in Erde."

Witwe Gaylord nahm die Stücke und legte sie in ihren Korb zu den Setzlingen und Kräutern. Priscilla überlegte, ob es wohl die richtige Jahreszeit zum Kartoffelpflanzen sei und ob der Stand des Mondes sich dafür eignete. Hoffentlich würden sie einige zum Keimen bringen. Die Kartoffel schmeckte mehlig und zugleich würzig, als sie sie am Gaumen zerdrückte.

Sie hatten es nun warm und bequem, sie hatten gut gegessen und waren glücklich, auf den Fellen zu sitzen oder zu liegen und den Indianern zuzusehen, die ihre Handarbeiten zeigten: Kopfschmuck aus Federn, teils in natürlichen Farben, teils gefärbt, Häute von unglaublicher Weichheit, bemalte irdene Töpfe. Ein alter Mann mit unzähligen freundlichen Falten im Gesicht wollte Priscilla durchaus einen aus Zedernholz geschnitzten Hund schenken. Sie sträubte sich und sagte lächelnd: „Da steckt zu viel Arbeit drin!" Nun legte er ihr eine Kette um den Hals, deren Glieder aus dem gleichen rosigen Holz gearbeitet waren. „Alles ein Stück Holz", sagte er.

„Nein, sie ist zu schön!" sagte sie und nahm die Kette wieder ab.

Auf sein Drängen hin, behielt sie schließlich einen tiefen Löffel, den er geschnitzt hatte. Er war teils rot, teils rosa und teils kremfarben. Sie fand ihn entzückend.

Die Sonne neigte sich dem Untergang zu. Eine allgemeine Stille senkte sich auf das Lager.

„Es ist Sabbat", sagte Pastor Laneham.

Er las mit seiner wohlklingenden Stimme, die nie laut wurde und doch im ganzen Lager deutlich zu vernehmen war, ein Danklied aus dem Psalter.

Bevor sich alle zum Gebet versammelten, ergriff ein betagter Indianer die Bibel, nahm sie in beide Hände, hob sie an die Lippen, berührte beide Schläfen damit und gab sie dann zurück.

Pastor Laneham blickte über die Hügel ringsum und nach dem rötlichen Himmel, dann, als alle bereit waren, sprach er das Gebet, das Priscilla so oft gehört hatte, daß sie es auswendig konnte:

„Vater im Himmel, der du die Welt mit Schönheit gesegnet hast, wir bitten dich, öffne unsere Augen, daß wir deine gnädige Hand in allen deinen Werken erkennen, auf daß wir uns an deiner ganzen Schöpfung erfreuen und lernen, dir mit Freuden zu dienen."

Priscilla hörte voll Freude, daß Gott wünschte, die Menschen möchten fröhlich sein. Es gab unter den Puritanern Geistliche, bei deren Predigt man irgendwie an feuchte Nebel denken mußte. Bei Pastor Laneham dachte sie immer an Sonnenschein.

Nach dem Amen begannen die Indianer zu beten — wenigstens erklärte es Vater so. Sie umkreisten mit steifen, gleichmäßigen

Schritten das Lagerfeuer. Die Schritte wurden immer schneller, und die begleitenden Worte steigerten sich von Mal zu Mal. Einige schüttelten Klappern dazu, die aus Flaschenkürbissen bestanden mit Steinchen darin.

„Beten nennen sie das?" sagte Priscalla zu Constance. „Das klingt doch eher wie ein lautes Gejohle."

„Gott spricht zu jedem auf besondere Weise", sagte Vater.

Die Indianer verstummten ebenso plötzlich, wie sie begonnen hatten.

„Jetzt wollen wir schlafen gehen", sagte einer ihrer Führer — jedenfalls schien er das zu sagen, denn er berührte seine Augen und ließ den Kopf sinken.

Der alte Schnitzer humpelte näher ans Feuer. Er zog ein Bärenfell hinter sich her. Seine nackten Knie waren geschwollen und knotig. Priscilla beobachtete, wie eine Squaw eine Decke gegen das Feuer hielt, bis sie zu qualmen anfing. Als der Greis dann auf seinem Fell lag, streckte er sich lang aus, und sie legte ihm die Decke über die Beine. Dann fischte sie mit zwei Stäben, die sie wie eine Feuerzange handhabte, drei ziemlich flache Steine aus der Glut und legte sie auf die Decke, einen zwischen seine Beine, die andern an die Außenseiten.

„Was macht sie denn da?" fragte Roger Crisp.

„Das helfen seine kranke Gelenke", sagte Roter Hirsch. „Decke mit Öl einreiben, dann trocknen, dann heiß machen an Feuer. Helfen viel. Du hinken. Du versuchen?"

Roger nickte. Roter Hirsch ließ sich von einer Squaw eine ölgetränkte Decke geben und zeigte auf die Steine unter den Töpfen, die sich schon erwärmt hatten. Dann führte er seinen Patienten hinter einen Busch. Als sie zurückkamen, waren Roger Crisps Beine und Unterleib in die Decke gewickelt. Er streckte sich nun gleichfalls auf dem Bärenfell aus, und Roter Hirsch packte die heißen Steine dicht um ihn herum. Priscilla hörte ihn erleichtert aufatmen und freute sich, daß die gute Wärme die Schmerzen ihres alten Freundes linderte.

Die andern Männer traten zu ihm hin, um sich kurz zu beraten.

„Wenn Blauer Blitz heute nacht nicht kommt, sind wir gerettet."

„Dann gehen wir zum Bay-Pfad zurück!"

„Nein, es ist Sabbat."

„Du hast recht. Am Tag des Herrn können wir nur im äußersten Notfall aufbrechen."

„Dafür werden wir aber Pastor Eliot kennenlernen."

„Wer will, kann sogar mit ihm zurückwandern nach Roxbury — und Boston — und Dorchester!"

Die Mädchen zogen die Felle nebeneinander, die man ihnen als Unterlage gegeben hatte, und sahen zu, wie die Squaws die Töpfe vom Feuer nahmen. Offenbar hielten sie es mit dem Sabbat so, wie John Eliot es sie gelehrt hatte.

Dann bemerkte Priscilla, wie Mose Gridley und Lukas Laneham auch hier ihren Wachdienst aufnahmen. Die meisten schliefen noch. In dem flackernden Feuerschein waren sie schwer zu unterscheiden. Nur der karminrote Umhang, mit dem sich Frau Laneham immer zudeckte, war zu erkennen. Goliath kam angetrabt und schmiegte sich an sie. Er war jetzt wieder trocken nach dem unverhofften Bad. Die Knie taten ihr weh, und es war eine Wohltat, sich an den warmen Hundeleib zu kuscheln.

„Du bist noch besser als ein heißer Stein", sagte sie und strich zärtlich über die zottigen Haare an Goliaths Ohren, über die harten Kieferknochen und den weichen Flaum unter seinem Kinn.

Von den Büschen herüber tönte das Quaken zweier Frösche, die sich angelegentlich unterhielten. Sie hörte Daffodils geruhsames Kauen — die Tiere waren diesmal bei ihnen im Lager geblieben. Die kleine Dorcas Laneham hustete. Irgend jemand stieß im Schlaf einen gurgelnden Laut aus.

Das Lager schlief in der Stille der Wildnis.

October 21
"The Place of the Owls"

Das Eulennest

Klar und kalt dämmerte der Sabbatmorgen herauf. Blauer Blitz war nicht gekommen! Man atmete erleichtert auf. Als Priscilla ihren Vater fragend ansah, erklärte er: „Das bedeutet, daß wir jetzt zum Bay-Pfad zurückkehren können."

„Wenigstens ist Roter Hirsch dieser Ansicht", sagte Bartholomäus Dyer mit Nachdruck.

Priscilla überlegte, ob wohl „der Ochse im Graben läge", wie die Großen manchmal sagten, wenn sie das Sabbatgebot übertreten wollten. Darüber mußte nun der Pastor entscheiden.

„Ich sehe keinen Grund, heute aufzubrechen", sagte er. „Wir sind willkommen und in Sicherheit. Außerdem möchte ich gern John Eliot sehen."

Sie sammelten sich um die Lagerfeuer und nahmen eine Mahlzeit ein, die neben dem Feuer warm gestanden hatte. Auch die christlichen Indianer nahmen es ernst mit dem Sabbat und kochten an diesem Tag nicht richtig — aber sie hatten, wie ihre weißen Brüder, nichts dagegen, wenn das Essen warm gehalten werden konnte.

Danach las Pastor Laneham ein Wort aus der Schrift vor und sprach zu ihnen von dem Dank, den sie dem Herrn schuldeten für ihre Bewahrung. Priscilla saß neben Saul Needham, und es kam ihr in den Sinn, daß er nur für sein eigenes Leben und das seiner Freunde danken konnte. Aber das war viel, dachte sie.

Es wurde ein langer Vormittag. Priscilla rieb Daffodil und Daisy ab, und diese festtägliche Behandlung schien ihnen zu behagen.

Dann nahm sie den harten Stahlkamm aus dem Gepäck und bearbeitete Goliaths Fell, das voller Sand und Schmutzkrusten war. Sie hätte sich selber auch gern schöngemacht, aber sie hatte ja nur wenige Kleidungsstücke mit, und es bestand keine Aussicht, das zu waschen, was sie anhatte. So begnügte sie sich damit, ihr langes Haar zu kämmen und zu flechten.

Einige Indianerkinder brachten den Mädchen einen Sack schwarze Walnüsse.

„Darf ich, Vater?" fragte Priscilla.

Nüsse knacken und entkernen — das wäre ein Vergnügen!

„Gewiß", sagte er. „Der Herr will, daß wir seinen Feiertag heilig halten, aber es wäre unverständig zu glauben, er habe etwas gegen Nüsse knackende Kinder."

Sie machte sich mit den Zwillingen und Beth über die Nüsse her. Sie knackten sie zwischen zwei Steinen und ließen sich bei den ganz harten von Saul helfen. Bisweilen flogen Schalen und Kerne in der Gegend herum, und dann war es ein neues Vergnügen, sie zusammenzulesen. Priscilla bemerkte, daß Michael Allen die Stirn runzelte. Sie wußte, in seinen Augen war das Leichtfertigkeit. Die fetten Nüsse lasen sie aus und taten sie in einen Topf, in dem Apfelsirup gewesen war. Vielleicht konnten sie beim nächsten Lagerfeuer mit Ahornzucker kandierte Walnüsse daraus machen, wenn sie nicht zu müde waren.

Gegen Mittag kam Bewegung in die Indianer. Wer bei einer leichten Sabbatbeschäftigung war, etwa Mais schälte und in Körbe füllte, legte seine Arbeit gelassen beiseite.

„Er kommt", sagte Roter Hirsch.

„Woher wissen sie das?" fragte Priscilla. „Sie können ihn doch weder hören noch sehen!"

„Sie spüren ihn!"

Die Büsche auf der östlichen Seite teilten sich, und vor ihnen stand ein stämmiger, hochgewachsener junger Indianer. Er trug lange, weite wildlederne Hosen und über der Schulter eine zusammengelegte Decke, die an seinem Ledergürtel befestigt war. Er strahlte übers ganze Gesicht, als sie ihn begrüßten: „Rauher Jäger! Heil, Rauher Jäger! Heil, Bruder!"

Ihm folgte der Geistliche, ein großer schlanker Mann, eine auffallende Erscheinung trotz des verstaubten schwarzen Rocks, der Kniehosen, Baumwollstrümpfe und der schweren schwarzen Schuhe. Über dem Arm trug er eine zusammengelegte braune Decke, die er wahrscheinlich als Schlafdecke benutzte. Als er den breitkrempigen Hut abnahm, sah Priscilla, daß ihm das kastanienbraune Haar fast bis auf die Schultern fiel. Sie war glücklich, daß er das Haar wie ihr Vater trug, und nicht in dem häßlichen Rundkopfschnitt.

Ohne ihn zu berühren, zeigten ihm die Indianer ihre herzliche Zuneigung. Sie drängten sich um ihn, verbeugten sich tief und redeten laut auf ihn ein. Als die Begrüßung vorüber war, wandte er sich den Weißen zu.

„Ein unerwartetes Vergnügen, lieber Bruder", sagte Pastor Laneham.

„Noch vor einer Stunde hätte ich gefragt, was in aller Welt euch herführen könnte", entgegnete John Eliot. „Aber jetzt ist es mir klar. Sie alle sprachen von Tom Needhams Schicksal."

In diesem Augenblick bemerkte er Saul. Er umarmte ihn und sagte: „Gotte tröste dich, mein Sohn."

Nachdem sich John Eliot mit Apfelwein und einem Fleischgericht gestärkt hatte, streckte er sich für eine Viertelstunde auf einem Hirschfell aus. Er war sechs Meilen hintereinander marschiert, aber er brauchte nicht viel Zeit, um sich zu erholen.

Pastor Laneham half ihm in seinen Talar und war ihm auch behilflich, die schöne leinene Halsbinde anzulegen, die Eliots Frau selbst gewebt hatte.

„Was werdet Ihr den roten Brüdern sagen?" fragte Bartholomäus Dyer mißtrauisch. Er war dafür bekannt, daß er gern die

Rede auf eine Glaubenswahrheit brachte — oder was er dafür hielt —, um dann den Tag mit endlosen Streitgesprächen zu vertun.

„Ihr werdet es früh genug erfahren", entgegnete John Eliot. „Stimmt nur Euer eigenes Herz zur Andacht."

Eliot wandte sich einem kleinen Hügel zu, auf dem sich ein fast rechteckiger Felsblock erhob hinter einem noch größeren von ähnlicher Form.

„Das sieht ja wie ein Altar aus", murrte Bartholomäus Dyer. „Wir wollen doch hier keine papistischen Sitten einführen." Priscilla begriff nicht, was er gegen Altäre hatte. Die kamen doch in der Bibel vor!

„Das ist seine Kanzel", sagte Matthäus Grant, als sich John Eliot zwischen den beiden Steinen aufstellte. „Der kleinere eignet sich gut als Lesepult, und der große bewirkt, daß seine Stimme die Zuhörer besser erreicht. Es ist nicht immer einfach, im Freien zu einer großen Gemeinde zu sprechen."

Der Geistliche hob die Hände, und alles wurde still. Sogar das Vieh, das in der Nähe graste, schien ruhig zu werden und aufmerksam zu lauschen. Priscilla fand, daß John Eliot wunderschön aussah mit seinen weißen Händen und dem schmalen, kräftig geröteten Gesicht. Zwischen seinen Augen zeichneten sich einige Falten ab, doch es waren keine Falten des Unmuts. Aber er lächelte auch nicht. Sie überlegte, wie sie ihn in ihrem Tagebuch beschreiben könnte: „Ein inneres Glück strahlt von ihm aus wie ein heller Schein." Und sie erinnerte sich an die Bilder von Heiligen, die sie vor langer Zeit gesehen hatte, und an ein Bild von Jesus, wie er „auf dem Berg" predigte.

John Eliot zog eine Schriftrolle unter dem Talar hervor.

Zuerst sagte er auf englisch: „Ich lese jetzt die Schöpfungsgeschichte." Darauf las er den Indianern in den seltsamen Kehllauten ihrer Sprache den Bibeltext vor, den er mit sprechenden Handbewegungen begleitete. Obwohl Priscilla kein einziges Wort verstand, sah sie doch im Geist den Himmel sich wölben, sah Meer und trok-kenes Land, gefiederte Vögel und kriechendes Gewürm, wilde und zahme Tiere — und am Ende Mann und Frau.

Darauf sagte der Prediger auf englisch: „Gott ist die Liebe." Er wiederholte den Satz in indianischer Sprache, bis sie ihm allmählich folgen und ihn immer wieder nachsprechen konnten. Ebenso behandelte er die Sätze „Gott hat mich lieb" und „Alle Menschen sind Brüder." Darauf segnete er sie und verließ seine Kanzel.

Seth sagte ruhig: „Das hatte Sinn. Wenn so gepredigt wird, brauch' ich keinen Kirchendiener, um wach zu bleiben."

Nur Bartholomäus Dyer war unzufrieden: „Er hat kein Wort gesagt über unsere großen Glaubenslehren, über die Erbsünde oder unsere Verworfenheit, über die Erwählung . . ."

„Lieber Bruder", sagte Matthäus Grant leise, „wenn ein Mann erfüllt ist von dem Gedanken an die Liebe Gottes, braucht man ihm wahrhaftig nicht erst zu erzählen, daß er ein Sünder ist. Das weiß er sowieso."

Priscilla hatte den Zusammenhang nicht ganz begriffen, aber natürlich hatte Vater recht!

Mutter sagte ihr noch etwas anderes, worüber sie nachdenken sollte: „Viele weiße Männer haben an den Indianern nicht wie Brüder gehandelt, und ihre religiösen Beteuerungen wirken daher nicht immer überzeugend."

John Eliot zeigte ihnen das Pergament. Die Buchstaben waren sauber und deutlich mit schwarzer Tinte geschrieben und sahen aus, als wären sie mit einem feinen Malerpinsel oder einer breiten Feder aufgetragen.

„Dies hier ist der Name Gottes", sagte er und deutete auf eine Stelle. „Ich versuche, ihre Sprache in schreibbare Laute zu gliedern. Eines Tages werde ich ihnen das Evangelium geben. Bisher habe ich nur die Schöpfungsgeschichte und die Bergpredigt fertig."

„Das ist eine mühsame Arbeit", meinte Pastor Laneham.

„Nun ja, jede Übersetzung ist mühsam. Ihr wißt ja, wir haben unsere englische Bibel auch erst seit etwa hundert Jahren."

„Die verdanken wir vor allem Master Tyndale und Master Coverdale", sagte Matthäus Grant.

Priscilla liebte den Klang dieser Namen. Tyndale und Coverdale! Das mußten gute Menschen gewesen sein, wenn sie Namen hatten, die sich reimten — wie Aquila und Priscilla!

An diesem Abend wurde nochmals Rat gehalten. Roger Crisp lag wieder unter seiner ölgetränkten Decke.

„Rauher Jäger und ich gehen in aller Frühe in Richtung Roxbury", sagte John Eliot. „Wenn sich jemand von euch anschließen will, können wir zusammen reisen."

„Wir haben schon gut fünf Tage verloren", sagte Michael Allen.

„Und alles läßt auf einen frühen und harten Winter schließen", fügte William Makepeace hinzu.

„Unsere Vorräte werden knapp", meinte Walter Fowler, „und in Dorchester gibt's genug zu essen."

„Ich sorge mich um mein Kind", erklärte Maleachi Upsall. „Wir könnten bei meinem Vater unterkommen."

Die vier Führer berieten sich und ließen ihren Beschluß durch Pastor Laneham bekanntmachen.

Er sagte: „Wer umkehren will, mag es tun. Ich war auf Schwierigkeiten gefaßt, als ich mich zu diesem Unternehmen bereit erklärte, und wenn auch nur zehn weitermarschieren wollen, gehe ich mit."

„Ich habe die Hand an den Pflug gelegt", sagte Matthäus Grant, „und versuche zu beenden, was ich begann."

Priscilla wußte im voraus, wie die Abstimmung ausfallen würde. Allens, Fowlers, Dyers, Makepeaces und Upsalls würden nach Dorchester zurückkehren und voraussichtlich im zeitigen Frühling die Reise nach Connecticut nochmals unternehmen.

„Ihr könnt unsere Vorräte auf der *Taube* übernehmen", sagte Michael Allen, „falls sie . . ."

„Dann", unterbrach ihn Roger Crisp, „dann holen wir eure Möbel aus dem Schiff und sorgen dafür, daß sie in gutem Zustand bleiben."

Die Mädchen sagten den Zurückkehrenden Lebewohl, besonders Hope Allen, Hanna Fowler, Ann Dyer und Martha Makepeace, Priscilla war sehr froh, daß sie sich nicht von ihren besten Freundinnen zu trennen brauchte. Es tat ihr weh, als Deliverance sich ganz niedergeschlagen von Kaleb Allen verabschiedete.

Sie zählten nach und stellten fest, daß zwanzig heimkehren wollten.

„Dann bleiben also siebenunddreißig, die zum Connecticut marschieren", bemerkte Pastor Laneham.

„Saul nicht zu vergessen!" rief Priscilla, die an den Fingern nachgezählt hatte.

„Gewiß nicht. Mit Saul sind wir achtunddreißig."

Roter Hirsch und Vater hatten den neuen Reiseweg in die Asche des Lagerfeuers gezeichnet.

„Hier bei Tom Needham haben wir den Bay-Pfad verlassen", sagte Vater, „und sind nach Norden marschiert. Die Indianersiedlung hier heißt Musketaquid. Wir drehen jetzt nach Südwesten ab und kommen bei Okammakamfit wieder auf den alten Weg. Dort leben ebenfalls Indianer, die an Christus glauben. Ihre Niederlassung liegt ungefähr dreißig Meilen von Boston entfernt."

Anderntags verließen sie in aller Frühe ihre freundlichen Gastgeber und folgten mehrere Meilen dem Ufer eines schmalen Baches, der so ruhig dahinfloß, daß kaum zu erkennen war, in welcher Richtung seine Mündung liegen mochte.

Drei Tage lang schien die Sonne. Das Wetter war fast so schön wie an den köstlichen ersten Tagen ihrer Wanderung, nur daß jeden

Morgen Rauhreif auf den Bäumen lag. Bisweilen mußten sie sich ihren Weg durch Dornengestrüpp bahnen. Da waren die Gridleys mit ihren Äxten und ihrer Geschicklichkeit immer eine große Hilfe.

Eines Tages sagte Priscilla: „Mir gefällt es, daß wir nicht mehr so schnell marschieren. Jetzt habe ich mehr von unsern Tieren." Sie liebte es, hin und wieder die drei Mutterschafe zu streicheln — Glaube, Liebe und Hoffnung — und mitten unter den Schweinen zu wandern, die vor Fett glänzten nach so viel Eichelmast.

Manchmal unternahmen die Schweine einen Ausreißversuch.

23 Oct.
Sometimes the pigs try to run away.

An dem Flüßchen ließ es sich gut lagern. Sie verbrachten zwei Nächte in der Nähe des Ufers. Das Vieh ging an dem kiesigen Strand zur Tränke, und man brauchte das Wasser zum Kochen nicht von weither zu holen.

Lag es nun an dem schönen Wetter oder an dem beruhigenden Bewußtsein, daß sie den Pequots und Mohawks entkommen waren, alle waren recht froh gestimmt in dem Gefühl, daß die schlimmsten Tage der Reise überstanden waren. Sie begegneten keinem Menschen, obwohl verlassene Hütten, flüchtig abgeerntete Felder und ausgebrannte Waldstücke darauf hindeuteten, daß die Indianer vor kurzem hier ihre Ernte gehalten hatten.

Zwei Nächte lagerten sie im Freien, stets in der üblichen radförmigen Ordnung und auf ihren Bärenfellen und Decken, die sie auf dem laubbedeckten Boden ausbreiteten.

David Gridley fing Aale und andere Fische im Bach, und Jonathan brachte es sogar fertig, mit Pfeil und Bogen so viele Enten zu schießen, daß es zu einem leckeren Mahl für alle reichte. Jeden Abend hielt Pastor Laneham Andacht. Jeden Abend wurde gesungen, immer ein Psalm und danach ein vertrautes Lied.

Die längste Seite des Dreiecks, das Roter Hirsch in die Asche gezeichnet hatte, lag hinter ihnen, als sie am späten Nachmittag des 24. Oktober wieder auf den Bay-Pfad stießen. Wenn auch die Wanderung von Musketaquid her schön gewesen war, so begrüßten sie doch den Bay-Pfad voller Freude wie einen alten Freund. Er war an dieser Stelle etwas gewunden; aber der Boden war befestigt, der Pfad gut ausgetreten und die Bäume deutlich markiert.

Mose prüfte die Zeichen in der dunklen Rinde, und die hellen, saubereren Kerben geleiteten sie durch die Wildnis wie Wegweiser.

Diese Nacht verbrachten sie in einem Indianerlager namens Okammakamfit. Priscilla wiederholte das Wort ein ums andere Mal. Es klang so gut, aber selbst Pastor Laneham konnte ihr nicht erklären, was der Name bedeutete.

So versuchten sie, sich ihn auf eigene Faust zu übersetzen.

„Platz der schwarzen Kohlen. Es gibt hier eine ganze Masse."

„Ort der großen Ulmen!"

„Ort der freundlichen Lagerfeuer!"

Das war ein passender Name.

„Wir haben euch schon erwartet." Mit diesen Worten begrüßte sie freundlich der Häuptling, der ein prächtiges Gewand aus Truthahnfedern trug, die so geschickt verarbeitet waren, daß es sich sanft und weich anschmiegte. Es wogte nur so um seinen Körper, als er sich ihnen zuwandte. Das Grün, das Purpurrot, das Blau und Braunsilber der Federn ergaben ein Farbenspiel, das Priscilla an den bunten Glanz am Hals einer Ente im Sonnenschein erinnerte.

„Wir sind aufgehalten worden", sagte Pastor Laneham. Diese Erklärung genügte.

Später hörte Priscilla, wie die Männer von dem früheren Aufenthalt in diesem Lager sprachen bei der Erkundungsreise im August, und dann von dem schweren Hurrikan und von der Ermordung Tom Needhams.

„Auch wir fürchten die Pequots", sagte der Häuptling. „Sie verbrennen unsere Felder und verheeren unsere Jagdgründe."

„Glaubt ihr, daß sie bald wieder auf den Kriegspfad gehen?" fragte Vater.

„Nein, außer wenn sie etwas in Wut bringt."

Ein anderer Indianer fügte hinzu: „Sie kommen selten nach dem ersten Schnee. Aber seid vorsichtig!"

Es war dieselbe warmherzige Freundlichkeit, die ihnen auch bei den andern Indianern begegnet war. Sie teilten ihre Mahlzeit mit ihnen und aßen gemeinsam aus denselben Töpfen. Priscilla lernte ein neues Gericht kennen, einen Hasenfleischeintopf mit schwarzen Walnüssen. Die Nüsse waren fleischig und würzig und schmeckten anders als jede Nuß, die sie bisher gegessen hatte.

Aaron Gaylord und George Gridley übernahmen mit zwei Indianern die erste Wache. Die übrigen streckten sich auf ihren Decken und Bärenfellen aus, jeder an einem der verschiedenen Feuer, die fast so gleichmäßig brannten wie das Kaminfeuer zu Haus, denn sie benutzten hier dieselben großen Holzkloben wie daheim.

Als sie sich neben Beth ausgestreckt hatte, fand Priscilla, daß dieser Platz recht gut auch „Eulennest" heißen könnte. Zwei Eulen über ihnen unterhielten sich die ganze Nacht.

Two owls talked all night above my head.

Sie waren zwar nicht zu sehen, aber Priscilla konnte sich gut ihr geflecktes Gefieder vorstellen und die runden Gesichter mit den Kugelaugen, die immer geradeaus blickten. Ob sie wohl im Dunkeln ebenso feierlich dreinschauten wie bei Tag?

Irgendwann einmal muß ich mit einer Eule Freundschaft schließen, dachte sie.

October 25
"A sovereign remedy"

Ein Universalmittel

Priscilla war ganz aus der Zeitrechnung herausgekommen. Als sie und Patience und Constance am nächsten Tag aufwachten und noch in ihren Decken staken, zählten sie an den Fingern nach:

„Heute ist der elfte Tag seit dem Abmarsch."

„Dann muß es der 25. Oktober sein."

„Und ein Donnerstag."

„Außer dem Sabbat ist fast jeder Tag wie der andere."

Doch darin sollten sie sich täuschen! Der 25. Oktober begann zwar erfreulich genug mit einem herzlichen Abschied von den Indianern und auch mit Geschenken. Sie nahmen freilich nur weniges — etwas Mehl, etwas Rauchfleisch, bunte Federn für die Kinder und einige geschliffene Muscheln, die zum Abrahmen der Milch oder, an ein Stäbchen gesteckt, als Löffel dienen konnten. Dann schritten sie hinaus in den dämmernden Morgen, von den freundlichen Zurufen begleitet: „Lebt wohl!" und „Gott schütze euch!" und „Kommt wieder!"

Dieser Tag brachte die ersten beiden Krankheitsfälle, ganz abgesehen von Roger Crisps ständig geschwollenen und schmerzenden Gelenken. Am späten Vormittag klagte Grace Crisp über heftige Ohrenschmerzen. Nach einer Stunde war sie nicht mehr in der Lage zu gehen. „Das Kind glüht ja vor Fieber!" rief ihre Mutter.

„Macht eine Bahre", sagte Matthäus Grant. „Wir haben Segeltuch und Gurte dabei und können zwei von unseren Stäben als Tragstangen benutzen."

Sie befestigten starke Leinwand an zwei Stangen und legten eine gefaltete Decke darauf. Priscilla gab noch ihr kleines Federkissen her. „Als Kopfkissen", sagte sie.

Vater und Mutter Crisp wickelten Grace in eine zweite Decke und halfen ihr auf die Trage. Barnabas und Jonathan faßten nach den Griffen, und dann ging es weiter.

Die Kleine stöhnte und schrie bei jedem Schritt. Wahrscheinlich wurde ihr gerade diese stete Bewegung, die es ihr leichter machen sollte, zu einer wahren Qual.

„Wir müssen halten und ihr ein Beruhigungsmittel geben", sagte ihre Mutter.

„Sollen wir halten und lagern?" fragte Matthäus Grant. „Es kann um das Leben des Kindes gehen."

„Wenn Mutter nebenher geht", sagte Grace mit schwacher Stimme, „will ich sehen, daß ich bis zum Abend durchhalten kann."

Der Weg wurde uneben und glatt. Als Barnabas an einer engen Stelle die Wurzeln einer mächtigen Eiche umgehen wollte, rutschte er aus und vertrat sich den Fuß. „So helft mir doch!" rief er. Er war ganz blaß.

Im Nu war Seth an seiner Seite und bekam gerade noch die Trage zu fassen, als Barnabas zu Boden glitt. Während die andern langsam weitergingen, zog Barnabas den Stiefel aus. Der Knöchel war schon blau und geschwollen. Seine Mutter blieb zurück, um ihm mit Wasser aus dem ledernen Schlauch, den sie bei sich trug, kalte Umschläge zu machen. Als der Schmerz nachließ, legte sie ihm einen festen Verband an und schiente den Fuß mit graden Holzstücken, damit er sich nicht verdrehen konnte. Aber an Marschieren war nicht mehr zu denken. Sein Vater und Mose Gridley mußten ihn unterfassen, während er sich an ihren Schultern festhielt.

„Setzt ihn auf Trueblood", sagte Vater Grant. „Den hat heute noch niemand geritten, er ist noch frisch."

Es war reichlich warm für die Jahreszeit, und der Pfad führte stundenlang bergan. Gavin Crisp und Samuel fingen an zu husten.

Als es Zeit war zum Lagern, kämpften die beiden Jungen mit Atemnot, Grace Crisp hatte immer noch Schmerzen, und Frau Laneham mußte vom Pferd gehoben werden, so erschöpft war sie.

Für die Kranken wurde aus Segeltuch und sich überkreuzenden Stangen ein niedriges Schutzdach gebaut. Da es nicht nach Regen aussah, wurden nur Zweige darübergelegt, so daß es aussah wie eine Laube.

Barnabas streckte sich auf seine Wolldecke. Der bandagierte Fuß wurde auf einen Stapel von Fellen gelegt, damit er nicht mehr so schmerzte. Die kleinen Jungen bekamen Zuckerklümpchen, die in Branntwein getaucht worden waren. Mutter strich ihnen Senfpflaster auf Brust und Rücken, und Priscilla half ihr dabei. Henoch Gridley fällte noch eine junge Esche und zerhackte sie zu Brennholz. Priscilla fing den herausquellenden Saft in einer Muschel auf und hielt ihn warm, bis Graces Mutter ein paar Tropfen davon in das Ohr der Kranken träufeln konnte. Sie gab ihr außerdem eine Dosis von ihrem unfehlbaren Universalmittel.

„Was heißt denn das?" fragte Priscilla.

„Daß es für alles gut ist."

Bald darauf stieß Grace einen halbschluchzenden Seufzer der Erleichterung aus, und Priscilla sah eine klebrige Flüssigkeit aus ihrem Ohr rinnen.

„Siehst du, das Geschwür ist von selber aufgegangen", rief Mutter. Sie ließ sich von Priscilla ein Leintuch bringen, legte es auf das Kopfkissen und drehte das Kind auf die Seite, so daß das Tuch den ausrinnender Eiter auffangen konnte. „Nun noch ein Ruhetag, und sie ist wieder in Ordnung."

Später versammelten sich die Männer am Lagerfeuer, um Rat zu halten.

„Es ist schlimm, bei diesem schönen Wetter einen ganzen Tag zu verlieren", sagte Vater. „Aber die Kranken gehen vor."

„Wie wäre es, Sir, wenn wir uns teilten und einige vorauseilten?" schlug Aaron Gaylord vor.

„Nein", sagte Roger Crisp. „Können wir wissen, ob die Pequots wirklich Ruhe halten werden? Wir müssen zusammenbleiben."

„Einverstanden", sagte Vater. „Wir sind schon wenig genug. Wir bleiben also hier, bis die Kranken marschfähig sind. Ein Ruhetag dürfte genügen."

So hatten sie am Freitag einen unverhofften Rasttag. Die Mädchen machten sich nach Kräften nützlich. Sie zerstießen Mais in einem Mörser. Es war eine anstrengende Arbeit, die Blasen brannten in ihren Handflächen.

Mutter gab Priscilla ein Leintuch für ihren Stickrahmen. Sie hatte die Größe genau abgemessen und es so eingerichtet, daß die Ecken genau rechtwinklig wurden und die Seiten ganz gerade.

Deliverance kochte Karamelkrokant aus Milch, Ahornzucker und den schwarzen Walnüssen, die ihr die Indianer geschenkt hatten. Das Ganze wurde so steif, daß man es schneiden konnte, und doch weich genug, um auf der Zunge zu zergehen.

Jede bekam ein Stück, den Rest wickelten sie in das rote Papier, in dem der Zucker gewesen war. Dann hatten sie für später noch etwas!

Auch die Tiere waren froh, wieder einmal ihre Ruhe zu haben. Die Jungen bearbeiteten Trueblood, Morgenröte und Tomneedham tüchtig mit dem Striegel, und Priscilla half ihnen dabei. Sie striegelte die Ochsen und zupfte einigen Schafen die Kletten aus der Wolle. Beths Kätzchen krabbelte aus seinem Korb und spielte mit den Eicheln auf dem Boden. Sogar Goliath streckte seine derbe Tatze nach einer Eichel aus, mit dem Erfolg, daß sie wegflog. Als Goldi ihr nachsprang, jagte er sie auf ein Bäumchen, hütete sich aber, ihr zu nahe zu kommen. Das Kätzchen guckte verdutzt von einer Astgabel herunter, und seine Augen waren blauer denn je.

Als Priscilla, Beth und Seth am späten Nachmittag durch ein trockenes Bachtal bummelten, sahen sie Knochen aus den Uferwänden ragen. Seth zog ein drei Fuß langes Ding heraus, das aussah wie ein Stück ungeheures Horn. Dann fanden sie da und dort riesige Zähne, fast dreieckig und mit einem schmaler werdenden Fortsatz. Sie sammelten alles auf und schleppten es ins Lager.

„Vielleicht von einem Elefanten!" sagte Seth. „Es sieht allerdings nicht wie ein Elefantenzahn aus."

„Das ist zweifellos der Stoßzahn eines Mastodons", erklärte Pastor Laneham, „ein elefantenähnliches Tier, das Jahrtausende vor der Zeit lebte, da der Mensch anfing, seine Geschichte aufzuzeichnen. Nun tragt die Knochen wieder zurück."

„Eines Tages wird sie jemand finden und zusammensetzen", fügte Vater hinzu, „und dann können wir sehen, wie das Tier wirklich ausgesehen hat."

Als es dunkel wurde, versammelte sich alles um die Kranken. Frau Laneham fühlte sich wieder frisch, und Grace hatte keine Schmerzen mehr. Die kleinen Jungen waren ihre Pflaster los und wollten spielen. Auch Barnabas konnte schon wieder stehen.

„Morgen geht es beizeiten weiter", sagte Vater. „Wir müssen uns diesmal besonders beeilen."

So war es geplant!

October 27
"That is true love"

Das ist wahre Liebe

Gegen Mittag fiel der erste Schnee. Sachte schwebten leichte Flok-
ken vom düstergrauen Himmel, die noch im Fallen schmolzen. Bald
hatten Trueblood und Tomneedham feuchtglänzende Flanken, und
Daffodil und Daisy sahen ganz durchweicht aus.

Sie folgten jetzt einem Bergkamm und blickten in das Tal hinunter. Priscilla fielen die lebhaften roten Farbkleckse auf, die das
Dunkelgrün der Blätter unterbrachen und von Früchten der Stech-
palme und der Sumachbäume herrührten; das blaue Grün der Tan-
nen und der Zedernzapfen belebten das allgemeine Grau, und so
hatte auch dieser trübe Tag einen lieblichen Glanz.

Wenn sie nur nicht so gefroren hätte! Priscilla war hungrig.
Hoffentlich blieb noch Zeit, um vor Sabbatanfang etwas zu kochen.
Mit Dörrfleisch konnte man sie allerdings nicht besonders reizen,
wenn ihnen auch das gesalzene, getrocknete Rindfleisch schon eine
große Hilfe gewesen war.

Das Schneetreiben wurde stärker. Große Flocken wirbelten durch
die Luft und verhüllten den Pfad. Sie legten sich auf Priscillas Wangen und auf ihre Brauen. Sie zog die Kapuze tiefer in die Stirn.
Schnee war ja etwas ganz Schönes, aber bisher hatte sie dabei nur
an Schneemänner gedacht oder an Schneeballschlachten, von denen
man nachher heimlief, um sich am Kamin ein heißes Getränk
schmecken zu lassen. Würden sie auch heute im Freien übernachten?
Wenn sie nun eingeschneit würden? Um sich aufzumuntern, sagte
sie zu Seth: „Ich habe von Reisenden gehört, die haben sich aus

vier Fuß hohem Schnee herausarbeiten müssen. Erstickt sind sie nicht. Es gibt immer Luftlöcher im Schnee."

„Ja", sagte er, „und der Schnee verhindert, daß man erfriert."

„Ich möchte es aber nicht darauf ankommen lassen!" Priscilla war für das Sichere.

Der Weg schien eben und breit. Er war auch deutlich markiert. Aber es ging sich schlecht in dem knöcheltiefen dürren Laub. Priscilla trieb Daffodil mit dem Stock an, und die Kuh gab ein unwilliges, tiefes Brüllen von sich. Sie hat ganz tief gemuht, dachte Priscilla. Tief gemuht — ich bin auch tiefgemut. Sie liebte Wortspiele. Vater sagte, sogar Königin Elisabeth habe daran Freude gehabt.

Ihr war auf einmal ganz übel, sie mußte unbedingt etwas essen. Trockenfleisch war besser als gar nichts. Sie zog ein Stück aus ihrer Tasche und schnitt eine Ecke ab. Auch Samuel und Saul, die zusammen auf Morgenröte ritten, bekamen ihren Teil. Priscilla war froh, daß sie so gute, feste Zähne hatte. Sie behielt das Fleisch möglichst lange im Mund und merkte, wie der würzige Saft sie erfrischte. Goliath trabte heran, um sie ein Stück zu begleiten. Da mußte sie schon nochmals das Messer herausziehen und ihm auch einen Bissen abgeben. Goliath machte ein ganz verdutztes Gesicht. Das war ihm etwas Neues — Fleisch, das man nicht einfach hinunterschlingen konnte wie sonst, sondern das zerkaut werden mußte! „Kau oder erstick, mein Lieber", sagte sie.

Die nächste Lagerstelle war ein abgeholzter Platz, der mit Laub und Stroh bedeckt war. Jetzt lag eine Schneedecke darüber, noch weich und pulvrig. Aber die Kinder waren zu durchfroren und müde, um im Schnee zu spielen.

Auf der sommerlichen Erkundungsfahrt waren an dieser Stelle umsichtige Vorkehrungen getroffen worden: Da waren zwei mächtige steinerne Aufbauten, in denen ein Kohlenfeuer brennen konnte, ohne von Regen und Schnee ausgelöscht zu werden. Priscilla wußte zwar, daß Holzkohlen nicht so wärmten wie ein offenes Feuer, aber ein Kohlenofen war immer noch besser als eine Glut, die im Schnee verzischte. Außerdem würden die erhitzten Steinwände noch lange Wärme abgeben und manchem zu einer besonders behaglichen Lagerstatt verhelfen.

Außerdem hatte man an verschiedenen Stellen Pfähle eingerammt, die ein Rechteck bildeten. Die Männer und Jungen schleppten von den Traglasten der Tiere ganze Ballen von Segeltuch herbei, und während einige die Öfen anheizten und die Frauen alles zum Kochen vorbereiteten, rollten andere die Ballen auf und spannten die feste Leinwand um und über die Pfähle, und im Handumdrehen war ein Haus entstanden.

„Wollt ihr Mädels mal in einem Tipi hausen?" fragte Vater. Er ließ sich ihre Stöcke geben, und schon bald war ein gemütliches Rundzelt entstanden, aus Segeltuch und Stäben, die sich oben überkreuzten und an der Spitze ein Loch frei ließen. Die Planen wurden mit Kordeln verschnürt bis auf eine Stelle, wo man einen Zipfel zurückschlagen konnte, um hineinzukriechen.

„Ihr Mädels könnt darin schlafen, wenn ihr wollt", sagte Vater. „Für euch kleines Volk ist es groß genug."

„Großartig!" riefen die vier. „Das ist ja wie bei einem Wochenendausflug."

„Na, dazu fehlt noch einiges", sagte Vater belustigt. „Übrigens scheint es mit dem Schneien aufzuhören. Wir wollen am Zelteingang ein Feuer machen, oder vielleicht können wir sogar drinnen eins anzünden und den Rauch durch das Loch abziehen lassen."

„Ich staune immer wieder, wie gut sie alles vorbereitet haben", sagte Priscilla.

„Hier wollten wir eigentlich unsere erste Sabbatruhe halten", sagte Vater mit einem gezwungenen Lächeln.

Da wurde ihr klar, daß sie ungefähr eine Woche hinter dem ursprünglichen Zeitplan lagen.

Es hatte wieder zu schneien begonnen. Ein bleicher Mond stieg herauf und tauchte die Landschaft in ein unnatürliches, märchenhaftes Licht. Still und kalt senkte sich der Abend nieder.

Witwe Gaylord leerte ihre Büchse mit den Samen, Knollen und Kartoffelkeimen aus und füllte alles in zwei Leinenbeutel, die sie unter ihre Bluse steckte. „Meine Körperwärme wird sie vor dem Erfrieren bewahren", erklärte sie.

Hoffentlich kommt einiges davon durch, dachte Priscilla, etwas von den Samen und den Knollen, zum Beispiel die Zwiebeln der Narzisse, nach denen sie ihre Kuh benannt hatten, und die purpurroten wilden Stiefmütterchen, die im Frühling so keck und naseweiß aussahen.

Die Gridleys trieben sämtliche Tiere an die geschützte Uferböschung und zündeten in der Nähe ein großes Feuer an. Das würde für die Nacht genügen. Hier war es wenigstens windstill und der Boden nicht vereist — er war nicht so kalt wie er aussah mit seiner Schneedecke. Einige befürchteten sogar, daß es bald regnen würde.

Die Vorbereitungen für die Nacht gehörten nun schon zu den gewohnten Dingen. Alles ging wie am Schnürchen, denn jeder wußte, was er zu tun hatte. Die älteren Frauen kochten, was gerade vorhanden war. Deliverance molk die Kühe und brachte die schäumende Milch noch warm herein, zum Trinken oder zum Kochen. Sogar die drei kleinen Jungen machten sich nützlich, indem sie in einem Waldstück Rinde und Tannenzapfen sammelten und am Feuerplatz aufhäuften.

In den Tiegeln brutzelten Pökelfleisch und Wurst. Getrocknete Äpfel, in Scheiben geschnitten und gesüßt, wurden in heißem Wasser aufgeweicht, bis sie mundgerecht waren. Maisbrot und Apfelwein gab es in Menge. Priscilla schämte sich, weil sie — allerdings im stillen — so über ihren Hunger geklagt hatte.

Ein Topf mit einem Gemisch von Haferbrei und Wurst wurde an eins der Feuer gestellt und ein Tiegel mit aufgeschnittenem Pökelschinken an eine andere Kochstelle. Töpfe mit Apfelkompott wurden aufgemacht und neben den Kohlen gewärmt. Auch von dem sorgfältig aufbewahrten Maiskuchen war noch etwas vorhanden. Die Sabbatvorbereitungen waren beendet.

Aber es gab doch noch etwas zu tun. Vater und Pastor Laneham breiteten ein schönes Hirschfell über vier dünne, etwa drei Fuß hohe Pfähle, so daß eine Art Tisch entstand. Pastor Laneham würde morgen das Abendmahl mit ihnen feiern.

Das Lager kam schnell zur Ruhe. Sie waren müde, und es war Sabbat. Selbst der Herrgott hatte am Sabbat geruht.

Die vier Mädchen machten sich's in ihrem Tipi bequem, kuschel=
ten sich tief in das knisternde Laub und begannen zu kichern. Schließlich rief sie Frau Barland zur Ordnung: „Nun hört doch endlich mit dem Gemuhe und Getue auf und denkt ans Schlafen!" Aber damit machte sie es nur schlimmer. Es hatte so komisch ge=
klungen, daß Priscilla ständig wiederholte: „Wir muhen und tuen im Zelt, was uns gefällt!" Und sie mußte den Kopf unter die Decke stecken, um ihr Lachen zu dämpfen.

Allmählich wurde es still im Lager. Nur das Gestampf der ange=
pflockten Pferde war zu hören. Auch Goliath schien sich noch nicht auf Sabbatruhe eingestellt zu haben. Er mußte ja erst noch nach den Schafen sehen, ehe er sich vor dem Zelt niederlegte, möglichst nahe bei Priscilla. Sie war als letzte ins Zelt gekrochen und lag direkt am Einschlupf. Sie schlug die Klappe zurück, um die Hand auf Goliaths Kopf zu legen und ihn lange zu streicheln. Doch selbst sein warmes Fell konnte nicht verhindern, daß sie an der bloßen Hand fror. Sie zog sie zurück und spürte im selben Augenblick, wie sich das Haar über seinem Rückgrat aufrichtete. Zugleich ließ er ein leises, drohendes Knurren vernehmen.

Mitternacht war vorüber, und sie lag in festem Schlaf, als ein unheimlicher Laut sie auffahren ließ. Es klang, wie wenn Holz an einem Stein gescheuert wird, nur noch viel lauter. Dann stieß Go=
liath ein Geheul aus, wie sie es noch nie gehört hatte, und ein übler

Gestank erfüllte die Luft. Sie schlug den Zipfel der Zeltbahn zurück.

Im Mondlicht und im Widerschein des Feuers sah sie zwei Gestalten, eine dunkle und eine helle, wütend miteinander kämpfen. Sie kroch eiligst aus dem Zelt und schrie nach ihrem Vater. Als sie wieder einen Blick auf die Kämpfer warf, brach Goliaths Geheul ab, und sie hatte den Eindruck, daß das borstige schwarze Tier im Vorteil war. Jetzt war die helle Figur obenauf — jetzt wieder die dunkle. Es war ein verbissener Kampf, schweigend und tödlich.

Da kam Saul, der die Nachtwache hatte, auf sie zugerannt. Sie fürchtete, daß er zu spät kommen würde.

Priscilla wußte kaum, was sie tat. Sie riß die Schnur ab, an der ihr Dolchmesser befestigt war, zog es aus der Scheide und . . .

Aber Saul war schneller. Ein Sprung — und schon sah sie den Dolch blitzen, mit dem er zustieß. Beide Tiere stürzten zu Boden.

Wenn er nun Goliath getötet hatte! Aber besser noch, der Hund starb einen schnellen Tod von Freundeshand, statt von diesem Untier zerfleischt zu werden! Blut bedeckte ihre Hand; sie wußte nicht, ob es das Blut des Tieres oder Goliaths oder Sauls oder ihr eigenes war. Endlich gelang es, die Tiere auseinander zu bringen. Beide waren blutüberströmt. Das dunkle Tier blutete aus einer tiefen Seitenwunde und gab kein Lebenszeichen mehr von sich. Auch Goliath rührte sich nicht, aber Priscilla hörte ihn leise winseln. Sie erschrak, noch nie hatte er derart gewinselt! Sicher mußte er sterben! Sie wollte hin zu ihm, dabei stolperte sie über einen Zeltpflock und stürzte. Sie ließ das Messer fallen — sonst wäre sie vielleicht noch hineingestürzt.

Da war auch schon der Vater.

„Es ist ein Vielfraß", sagte er, während er ihr auf die Füße half, „das blutdürstigste Tier, das es gibt!"

„Vor dem reißt sogar ein Rudel Wölfe aus", versicherte Aaron Gaylord, der von der Herde herbeigeeilt war. „Darum also waren die Pferde so unruhig! Sie haben es gewittert!"

Roger Crisp betrachtete den Hund und sagte: „Mit dem armen Goliath ist es vorbei. Soll ich ihm nicht die Schmerzen ersparen?" Und er zog sein Messer aus dem Gürtel.

Ehe Priscilla noch aufschreien konnte, war ihm Vater schon in den Arm gefallen. „Nein, mein Freund, ein tüchtiger Hund verdient, daß man seine Lebenskraft auf die Probe stellt."

Das ganze Lager war auf den Beinen. Preserved und Jonathan warfen Tannenzapfen auf das Feuer, um ein helleres Licht zu erhalten. Das tote Tier mochte einen Fuß hoch sein. Es hatte kräftige Beine, einen kleinen flachen Kopf über breitem Nacken und breite Füße.

„Seht nur die weißen Klauen", rief Markus Barland, „sie sind halb so lang wie mein Finger!"

„Ihr redet von diesen Klauen und laßt Goliath sterben!" Priscilla weinte. Es war das erstemal auf dieser Reise.

Aber Vater hatte sich des Hundes schon angenommen. Samuel streichelte seinen Kopf. Vater schickte den Jungen weg und bat Aaron, Goliath das Maul zuzuhalten. „Gib acht", sagte er, „auch der beste Hund kann beißen, wenn er Schmerzen hat."

Dann rief er nach warmem Wasser und Lappen, die Mutter ihm zureichte. Er schloß die Nackenwunde mit den Fingern, bis kein Blut mehr durchsickerte, und reinigte die langen Schrammen an den Keulen. Dann legte er den Hund vorsichtig auf den Rücken. An der unbehaarten Stelle hinter dem rechten Vorderlauf klaffte eine tiefe Wunde.

„Wenn der Vielfraß mit seiner Klaue keine lebenswichtigen Teile verletzt hat", sagte er, „wird der Hund durchkommen. Er hatte es mit einem erbarmungslosen Gegner zu tun!"

„Ich will mich neben ihn legen und auf ihn aufpassen", schluchzte Priscilla.

„Nein, Kind, das tu ich selbst. Wasch das Blut ab und leg dich neben deine Mutter. Du bist meine brave Tochter." Wenn Vater sich in feierlichen biblischen Wendungen ausdrückte, wußte man, daß er sehr ernst gestimmt war.

Als Priscilla sich weinend an ihre Mutter schmiegte, hörte sie, wie die Großen sich über das fremde Tier unterhielten.

„Manche nennen es den nordischen Satan", sagte Markus Barland. Sie kamen aus dem Staunen nicht heraus.

„Die Ojibway-Indianer", fügte Saul hinzu, „nennen es Kween-go-or-gay. Das bedeutet soviel wie ‚niederträchtiges Biest'."

„Es heißt auch ‚indianischer Teufel'."

„Fast jeder Hund läuft vor ihm davon."

„Es kann diesen Gestank ausstoßen, wenn es in Gefahr ist. Ein Stinktier ist nichts dagegen!"

„Seht mal", sagte Jonathan Barland, „das Maul sieht innen aus wie ein rotglühendes Schüreisen."

„Die Lippen sind ganz voll Schaum", sagte der kleine Matthäus Crisp. Man hörte ihm an, wie es ihn schauderte.

„Gottlob gibt es so weit im Süden nicht viele davon."

„Ich habe gehört, daß seine Haut eine Art Öl enthält", sagte Saul. „Deswegen gibt der Pelz gute Kapuzen, weil die Feuchtigkeit an ihm nicht gefriert."

Aber keiner hatte Lust, den Vielfraß abzuhäuten!

Vater breitete eine Decke über Goliath und setzte sich neben ihn. Nach einer Weile tastete er ihn vorsichtig ab. Dann sagte er beruhigend: „Seine Knochen scheinen heil geblieben zu sein. Er liegt jetzt ganz ruhig, und der Atem geht regelmäßig. Ich lege mich neben ihn. Sieh zu, daß du schlafen kannst, Kind!"

Schon immer hatte Priscilla den Frieden des Sabbat geliebt. Sie würden an diesem heiligen Tage nicht weiterwandern, falls nicht ein „Notstand" eintrat, wie Vater zu sagen pflegte — und das müßte schon ein ganz besonderer Notstand sein. Goliath würde einen Ruhetag haben, und die Natur würde ihn gesunden lassen, wenn es in ihrem Willen lag.

Als sie erwachte, war der Himmel in ein wundervolles tiefes Rosenrot getaucht, gegen das sich die schwarzen, unbelaubten Zweige scharf abzeichneten. War das derselbe Himmel, der gestern in ein trostloses Grau gehüllt war? Ihr fiel eine der alten Wetterregeln ein, die sie in Dorchester gelernt hatte:

> Abendrot und grauer Morgen
> schaffen keine Reisesorgen.
> Grauer Abend und Morgenrot
> künden, daß uns Regen droht.

Sie ging gleich zu Goliath hinüber. „Es geht ihm nicht schlechter", sagte Vater, „aber er ist noch ganz benommen. Sieh mal zu, ob er Wasser haben will."

Als Priscilla ihn verdutzt ansah, fügte er hinzu: „Versuch mal, ob du ihm etwas Wasser einflößen kannst."

Sie nahm ihren kostbaren Zedernlöffel, füllte ihn mit kühlem Wasser und führte ihn an Goliaths Lefzen. Er schlug die Augen auf, und sein ausdrucksloser und glasiger Blick — als lebe er in einer anderen Welt — tat ihr weh. Gewaltsam öffnete sie sein Maul und goß etwas Wasser hinein, das er hinunterschluckte. Nachher versuchte sie es mit einem Löffel Milch. Auch sie nahm er an.

„Du kannst bei ihm bleiben und die Predigt von hier aus hören", sagte Vater.

Während Pastor Laneham sprach und den Gemeindemitgliedern das heilige Abendmahl reichte, lag Priscilla im Zelteingang und streichelte den Hund, der noch regungslos unter seiner Decke am Feuer lag. Als die schönen Einsetzungsworte an ihr Ohr drangen: „Dies ist das Blut, das für euch vergossen ward", kam ihr ungewollt ein Gedanke, der sicherlich vielen Menschen frevelhaft erschienen wäre: Auch Goliath hat sein Blut für mich vergossen. Ohne ihn hätte mich der Vielfraß umgebracht! Das ist treue Liebe.

Und sie drückte das Gesicht gegen das rauhe Fell, das noch von Blut und Schmutz verkrustet war. Guter Goliath! Als Hundebaby, damals auf der *Mary and John*, war er auf der langen Überfahrt ihr guter Kamerad. Sie rief sich den endlos langen letzten Tag in England ins Gedächtnis, als sie in Plymouth auf das Schiff warteten. Sie war damals sieben Jahre alt. Einige Fahrgäste warfen einen mißbilligenden Blick auf das zappelnde Hündchen in ihren Armen. Aber Vater erklärte kurz und bündig: „Das Kind soll seinen Hund behalten." Und wie zur Antwort auf eine stumme Frage fügte er hinzu: „Wir teilen unsere Verpflegung mit ihm. Auf das bißchen Brot oder Fisch kommt es nicht an, und von unserm Ale wird er nichts wissen wollen." Manchmal, wenn sie sich auf der harten Schlafbank ausstreckte und meinte, das ewige Rollen des Schiffes nicht mehr aushalten zu können, regte sich Goliath in ihrem Arm, als ob er ihre wortlose Klage verstünde, und sie hatten einander gegenseitig getröstet. Einmal trat er sich einen Holzsplitter in das zarte Pfötchen. Vater strich ihm etwas von der kostbaren milden Salbe aus der Seekiste auf die Wunde und sprach dabei, wie öfter, den Bibelvers: „Der Gerechte erbarmet sich seines Viehs." Und Goliath war immer so brav gewesen! Wenn in Dorchester die hungrigen Hunde die Fische ausscharrten, die mit dem Mais in die Erde gebracht worden waren, hatte sich Goliath nie daran beteiligt!

Die ernste Stimme Pastor Lanehams, der das Dankgebet sprach, und der Schlußchoral riefen sie in die Wirklichkeit zurück.

Eben machte Goliath Miene aufzustehen, aber er war noch zu schwach. „Ich weiß, was ihm fehlt", sagte Aaron Gaylord, der gerade vorbeikam. „Warte einen Augenblick!"

Kurz darauf erschienen er und Seth mit zwei Schafen — es waren Hoffnung und Liebe —, die sie an einer behelfsmäßigen Leine führten und die sich heftig gegen diese ungewohnte Behandlung wehrten. Sie schraken zuerst vor dem Hund zurück, dann trieb sie die Neugierde zu ihm hin. Goliath schnupperte sie gründlich ab und ließ sich befriedigt zurücksinken. Als er nach zwei Stunden wieder erwachte, fraß er und trank und leckte Priscilla die Hand.

An diesem Tag packte sie ihr Tagebuch aus, schnitt sich ihre Feder zurecht, erwärmte die Tinte am Feuer und schrieb:

28 Oct. 1635

Last night - Goliath saved my life.

„Gestern nacht rettete Goliath mir das Leben."
Was hätte sie noch hinzufügen sollen? Das war mehr als genug!

October 28
"On to the trading post"

Auf zur Faktorei!

Was das Morgenrot verheißen hatte, traf ein. In der Nacht stieg die Temperatur. Priscilla erwachte in Schweiß gebadet. Sie kroch nach dem Zelteingang, steckte den Kopf hinaus und sog mit Wohlbehagen die frische Luft ein, die ihr die Wangen kühlte. Sie blickte hinüber nach den glühenden Kohlen in dem steinernen Ofen, nach den kleinen Feuern, die noch bei den Zelten brannten, und dem größeren, an dem Aaron Gaylord saß, der die Nachtwache hielt.

Ein paar große Tropfen fielen in das dürre Laub, andere sprühten ihr übers Gesicht und rieselten ihr in den Kragen, und ehe sie noch Zeit fand, nach dem Himmel zu blicken, rauschte eine wahre Sintflut hernieder. Die offenen Feuer erloschen, nur die Kohlen in den Herden glommen weiter, so daß Aaron seine Laterne anzünden konnte. Er stellte sie im Schutz eines überhängenden Felsens nieder. In allen Zelten regte es sich, und besorgte Fragen waren zu hören. Würde der Regen einmal mehr den Weitermarsch verzögern? Priscilla hoffte es geradezu, denn Goliath würde kaum imstande sein zu laufen. Sie schob ihre Hände sanft unter seinen Leib und zog ihn mitsamt seiner Decke ins Zelt hinein. Er öffnete die Augen und ein Schweifwedeln im raschelnden Laub zeigte ihr, wie wohl ihm ihre Fürsorge tat.

Die Mädchen tauschten ihre Meinungen aus.

„Was nun?"

„Sollen wir etwa in diesen Regen 'reinlaufen?"

„Vater sagt immer, wir verlieren Zeit, wenn wir im Regen marschieren!"

„Wir können doch nicht ewig in diesen Zelten bleiben!"

Aber sie mußten bleiben.

Da das Vieh keine ordentliche Unterkunft hatte, wurde beschlossen, daß die Gridleys und die Wheelwrights mit den Schafen, Kühen und Schweinen vorausgehen sollten.

„In dieser Gegend habt ihr von den Indianern nichts zu fürchten", sagte Matthäus Grant. „Die meisten sind durch die Pocken umgekommen, und die am Leben geblieben sind, werden euch helfen ... Seht zu, daß ihr die Faktorei erreicht", fügte er noch hinzu. „Pierre erwartet uns. Sagt ihm, daß wir bald nachkommen."

Als Mutter ihr etwas zu essen ans Zelt brachte, fragte Priscilla: „Was ist eigentlich eine Faktorei, und wer ist Pierre?"

„Pierre Bonhomme ist ein netter Franzose. Er hat ein Haus, wo Weiße und Indianer Felle und Korn tauschen oder kaufen können, was sie gerade haben oder brauchen."

„Werden wir dort Rast machen?"

„Hoffentlich", sagte Beth mit müder Stimme.

„Vielleicht. Wenn's nötig ist ... Auf jeden Fall können wir dort unsere Vorräte ergänzen."

Die drei anderen Mädchen krochen aus dem Zelt und hängten sich ihre Decken um.

Priscilla machte es nichts aus, allein zu sein. Es gefiel ihr sogar. In dem Dämmerlicht des Zeltes kam es ihr vor, als lebe sie mit Goliath in einer abgeschiedenen Welt, auf einer Insel mit Wasser rundherum — und von oben. Im Zelt war es behaglich und trocken.

Goliath schien zu schlafen. Er weiß, was ihm gut tut, dachte Priscilla. Sie lag neben ihm und streichelte ihn ganz vorsichtig, um keine Wunde zu berühren, und sagte immer wieder: „Lieber Goliath, ich danke dir, daß du mir das Leben gerettet hast."

Als der Regen etwas nachließ, kam Vater an den Zelteingang. Er hatte ein paar Steine und eine Schaufel voll Kohlen mitgebracht. Mit einiger Mühe stellten sie die Steine in einem Kreis auf und legten die Kohlen in die Mitte. Dann holte Vater ein paar Scheite und Späne und machte ein Feuerchen an. Der Rauch würde durch das Loch in der Zeltspitze abziehen, wenn kein Platzregen käme. „In diesem Fall", sagte Vater, „werde ich sofort das Feuer beiseite räumen. Besser etwas Rauch ertragen als frieren!" Priscilla tränten die Augen vom Rauch, und Goliath mußte niesen. Aber sie war froh über die Wärme. Und auch darüber, daß Goliath heute nicht hinter den Schafen her sein mußte. „Uns beiden geht's gut, was Goliath?" sagte sie vergnügt. „Hier ist es warm, hier gibt's keinen Schnee und kein Eis."

Es regnete schon wieder, langsam und stetig. Erst gegen Mittag hellte es sich etwas auf. Priscilla hüllte sich in ihre Decken und ging zu Mutters Unterkunft hinüber. Anscheinend sammelte man sich diesmal familienweise, es sah nicht nach einem gemeinsamen Essen aus.

Mutter goß etwas Milch in eine langstielige Pfanne über dem sparsamen Feuer, das in ihrem Zelt brannte. Dann holte sie etwas von dem weißen und dem braunen Pulver, das Tom Needham ihnen geschenkt hatte — weißen Zucker und Kakao. Priscilla schlürfte genußvoll das heiße Getränk und freute sich, daß es Samuel auch zu schmecken schien. Wie lange hatte sie ihn schon nicht mehr gesehen! Während sie behaglich trank, wusch Mutter die Pfanne aus, tat etwas Fett hinein und gesalzenen Fisch. Als das Ganze etwa fünf Minuten gebrutzelt hatte, kamen noch kleine Brotwürfel dazu. Priscilla machte sich sonst nicht viel aus fetten Speisen, aber heute ließ sie sich's wohl schmecken. Als sie fertig war, stand sie auf, verbeugte sich und dankte. „Ach, meine Tochter", sagte Mutter und umarmte sie, „wir haben wirklich unsere guten Manieren in der Wildnis arg vernachlässigt. Es geht nicht bloß darum, daß man am Leben bleibt!"

„Wenn der Regen noch eine Weile aussetzt", sagte Vater, „dann sieh mal zu, ob Goliath laufen kann."

„Willst du es nicht lieber versuchen, Vater? Ich könnte ihm weh tun."

Als sie zum Tipi kamen, stand Goliath bereits auf recht wackligen Beinen da, aber er wedelte kräftig mit dem Schwanz, um seine Freude auszudrücken. Er humpelte ein paar Schritte und hob witternd die Nase. Wahrscheinlich vermißte er die Schafe. Aber er war noch zu schwach, um mit ihnen zu laufen. Dafür machte er eine Besuchsrunde durch das Lager, beschnupperte all seine Freunde und ließ sich tätscheln, loben und mit guten Bissen verwöhnen. Dann trottete er zufrieden zu seinem Platz im Zelt zurück.

„Ach, Vater", sagte Priscilla, „Goliath hat mich gerettet und du rettest Goliath!"

„Na, zunächst hat Saul ihn gerettet", sagte Vater lächelnd.

Als es dunkel wurde, ballten sich neue Wolken zusammen, und jeder suchte sein Zelt auf. Vater, Roger Crisp und Pastor Laneham hatten entschieden, daß am frühen Morgen abmarschiert werden müsse, gleich ob Sonne oder Regen. Während sie noch den morgigen Tag besprachen, sanken Priscilla und ihre Zeltkameradinnen in tiefen Schlaf. Goliath kuschelte sich an seine Herrin und schlief gleichfalls ruhig ein.

Bei Tagesanbruch nieselte es noch etwas, aber es fror nicht mehr. Sie aßen schnell ein wenig, und dann hieß es: „Auf zur Faktorei!"

October 30
"La petite Priscilla"

Die kleine Priscilla

Am Dienstag, dem 30. Oktober, wurden die Tiere wieder bepackt, zum erstenmal seit drei Tagen.

Die kleiner gewordene Reisegesellschaft konnte jetzt beisammenbleiben. Die Witwe Gaylord ging neben ihrem Pony her, den Zügel um das Handgelenk geschlungen. Frau Laneham und Klein-Dorcas waren wieder zu Pferd. Sie trug immer noch ihren roten Umhang, der trotz seines Schmutzes immer noch schön war. Saul Needham trug den Arm nicht mehr in der Schlinge, aber er fühlte sich noch nicht ganz in Ordnung und ließ Samuel wieder vor sich auf dem Sattel reiten.

Die Mädchen gingen paarweise zusammen und suchten sich trotz der unbehaglichen Lage bei guter Laune zu halten. Priscilla meinte: „Der Hirsch, der seine Haut für meinen Rock und Jacke lieferte, muß sie bei Wind und Wetter getragen haben."

Sie rutschten über Tannennadeln, machten einen Bogen um die Pfützen, kletterten über hochragende Wurzeln und gingen den von den Zweigen herabsprühenden Tropfen aus dem Wege. Nach ungefähr einer Stunde fing Goliath an zu lahmen. Seth bemerkte es und sprach aus, woran Priscilla schon gedacht hatte: „Er sollte nicht laufen. Seine Wunde kann wieder aufbrechen. Ich werde ihn tragen."

Aber schon war Saul Needham von seinem Pferd herunter und bat: „Laß mich ihn tragen. Ich weiß, wie man ein verletztes Schaf trägt, und Goliath ist nicht viel größer. Ich gehe ganz vorsichtig mit ihm um."

Samuel glitt unaufgefordert aus dem Sattel und kletterte auf den Ochsen Ajax.

When I am tired I ride Hector or Ajax. They are good oxen.

„Reicht mir den Hund herauf", sagte Saul, als er wieder aufgesessen war.

Seth und Barnabas hoben Goliath auf das Lager, das ihm Saul aus seiner sorgsam zusammengelegten Decke auf dem Sattel bereitet hatte. Er erklärte ihnen, daß sein Sattel eben zu diesem Zweck ohne den üblichen Sattelknopf angefertigt sei. Er ritt langsam und hielt den Hund mit der Hand fest.

Gegen drei Uhr begann es richtig zu gießen. Priscilla zog die Schultern ein, als ob es sich auf diese Weise leichter ginge. Ihre

Mutter, die auf Trueblood ritt, sagte: „Kind, steig auf Hektor und ruh dich aus. Er hat jetzt nicht mehr so viel zu tragen."

„Ich laufe lieber, solang es geht", erwiderte sie. Sie fand es immer noch besser, durch Matsch und feuchtes Laub zu patschen, als auf dem nassen Rücken des trägen Ochsen zu sitzen!

Sie versuchten, sich mit Reimeschmieden die Zeit zu kürzen. Aber auf „Regenguß" fanden sie nur „Hochgenuß", und das paßte entschieden schlecht zusammen. Als die Straße breiter wurde, marschierten sie im Gleichschritt, und Seth schlug den Takt dazu. „Eins zwei drei vier, links rechts, drei vier", aber viel half das auch nicht. Obwohl es Priscilla nicht einmal warm war unter ihren Kleidern, fühlte sie sich wie durchs Wasser gezogen — und die Füße taten ihr so weh!

Als sie schon alle Hoffnung aufgeben wollte, gelangten sie zu einer an einem Bach gelegenen Lichtung. Sie hörte das Geblök von Schafen. Es klang wie die tiefe Stimme Samsons und die helleren Stimmen von Glaube, Hoffnung und Liebe.

In der anbrechenden Dämmerung nahm sich das niedere, strohgedeckte Blockhaus wie ein Palast aus. Mildes Licht fiel aus den Fenstern, aber Priscilla konnte nicht erkennen, ob es durch geöltes Papier drang oder durch Glas wie bei Tom Needham. Rauch stieg aus den Schornsteinen auf beiden Seiten des Hauses. Demnach mußte Pierre zwei Kamine haben! Das Nebengebäude drüben mochte ein großes Stallgebäude sein.

„Jetzt rufen wir mal alle ‚Hallo', um uns anzumelden", sagte Matthäus Grant. „Die Diener lassen sich nirgends sehen." Priscilla war ganz erleichtert, als sie Vater scherzen hörte.

Sie ließen ihre Stimmen über das regennasse Land erschallen. Mit Erfolg, denn gleich darauf flog eine Tür auf, und ein stattlicher Mann eilte ihnen entgegen, während er in einen schweren Überzieher fuhr.

„Ah, meine Freunde", rief er. „Bienvenu! Bienvenu!"

Er umarmte die Männer, mit besonderer Herzlichkeit Priscillas Vater, und mit besonderer Ehrerbietung Pastor Laneham, den er mit „Monsieur le Padre" anredete.

„Mais vite!" sagte er und drängte sie auf das Haus zu.

Priscilla begriff, daß die fremden Worte „Willkommen" und „schnell" bedeuteten. Als sie im Haus waren, verbeugte sich ihr Gastgeber vor den Damen und küßte ihnen die Hand. So begrüßte er jeden auf andere Weise. Priscilla entzückte er mit den Worten: „La petite Priscilla! Wie ihre Augen durch den Regen leuchten!"

Pierre war mit seinen fünfundvierzig Jahren ein springlebendiger, fröhlicher Mann. Als er seinen Überrock abwarf, ließ sein knallrotes Wollhemd den ganzen Raum noch heiterer erscheinen. Glänzend schwarzes Lockenhaar umrahmte das braungebrannte Gesicht, das durch die grauen Schläfen noch ausdrucksvoller wirkte. Bei seiner dunklen Haut fielen die gesunden weißen Zähne besonders auf, als er seine Gäste nochmals willkommen hieß.

Sie halfen einander aus den durchnäßten Überkleidern, hängten sie an die Haken an der Wand und strebten eiligst der Ofenwärme zu. Auf dem Flur draußen am Eingang häuften sich die Traglasten von Mensch und Tier. Vater, Saul, Seth und Aaron führten die Pferde und Ochsen in den Stall. Priscilla hielt die Tür für einen Augenblick auf, um Goliath hereinzulassen. Als sie einen Blick nach dem Stall warf, sah sie eine graue Katze aus einem Klapptürchen herausschlüpfen, das in Scharnieren hing und in die große Stalltür eingelassen war. Priscilla brach in Entzücken aus, und Pierre erklärte: „L'ouvre du chat — das Katzenpförtchen!" Dann fuhr er fort: „Grisette, das graue Kätzchen läuft gern 'raus und 'rein. Sie hält uns die Ratten vom Leib."

„Wenn wir wieder einen Stall haben, muß dort auch ein Katzenloch hinein", sagte sie nachdenklich und fügte hinzu: „Ich habe eine wunderschöne Katze, Queen Bess, sie ist auf der *Taube*."

Priscilla sah, wie Pierres lachendes Gesicht plötzlich ernst wurde. Seine Frau, die von einigen Madame und von andern Félice genannt wurde, war eingetreten. Ihr graues Wollkleid, über dem sie eine rosa Schürze trug, war am Kragen mit einer Rubinbrosche geschmückt. Ihr Haar glich dem Pierres, es war ebenso kurz und noch lockiger. Priscilla hörte später, daß Félice das „große Fieber" gehabt hatte. Man hatte ihr das Haar vollständig abschneiden müssen, und nun war es in dichten Locken nachgewachsen. Madames Haut schimmerte zart, ihre Augen blitzten, ihr ganzes Wesen hatte etwas Strahlendes.

Goliath hinkte mühsam auf drei Beinen herein.

„Oh, das arme Tier", sagte Félice und bückte sich, um den Hund zu streicheln, noch ehe sie alle Gäste begrüßt hatte. „Pourquoi?"

Priscilla nahm an, daß das fremde Wort „Warum" bedeutete.

„Er hat mit einem Vielfraß gekämpft", erklärte sie.

„Oh, was für ein tapferer Hund!" Die Französin führte den patschnassen Schäferhund zum Feuer, wo eine Schale mit Milch und Brot auf dem steinernen Herd stand. „Das ist Grisettes Abendessen", sagte sie, „es ist angewärmt. Ich hole ihr was anderes."

Priscilla hatte noch nie einen so großen Wohnraum gesehen. Er war ganze dreißig Fuß lang und zwanzig breit. Durch die offenstehende Tür, die ins Nebenzimmer führte, gewahrte sie ein richtiges Bett, dessen Überdecke mit Fransen verziert war. Dieser Pierre mußte ein schwerreicher Mann sein!

Aaron und Barnabas traten herein und meldeten, daß die Tiere untergebracht und gefüttert seien.

„Bien!" rief Pierre. „Die Tiere sind satt, und wir fasten! Seht mal nach, was in den Töpfen ist!"

„Mutter", fragte Priscilla leise, „darf ich meine Schuhe ausziehen? Die Schnürbänder drücken so."

„Gewiß. Hol deine Mokassins und stopf deine nassen Schuhe mit Heu aus."

Auf jedem der beiden Feuerplätze brodelten zwei große Töpfe. Fleisch war darin, in zweien richtiges Rindfleisch und in den andern Hammelfleisch. Félice füllte Priscilla den Holzteller, und Pierre langte mit dem Löffel in einen großen Kochtopf, der eine heiße Flüssigkeit enthielt, und goß etwas über ihr Fleisch. „Sauce de vin", erklärte er.

„Das ist Wein", bemerkte ihr Vater. „Aber keiner, von dem man betrunken werden kann."

„Und hier ist Rotwein zum Trinken", sagte Pierre. „Für Trunkenbolde ist das aber auch nichts." Er fügte ernst hinzu: „Den Indianern geben wir niemals ‚Feuerwasser'. Das bringt sogar die friedlichsten außer Rand und Band."

„Er meint Whisky", erklärte Mutter.

Félice holte schönes weißes Weizenbrot aus dem Ofen, außen knusprig und innen zart und flockig. Nachdem sie ihre Teller geleert und wieder gefüllt und nochmals geleert hatten, gab es zu dem warmen Brot frische süße Butter, Honig und Marmelade.

„Ein Vergelt's Gott für Speis und Trank!" sagte Pastor Laneham.

„Und für Obdach und Wärme!"

„Und für eure Freundschaft!"

„Und für die netten Gäste", sagte Pierre, und Félice stimmte fröhlich zu.

Als der letzte Teller abgekratzt und abgewaschen war, sah Priscilla, wie Vater und Roger Crisp Pierre beiseite nahmen und ihre Börsen hervorzogen.

Pierre hob abwehrend beide Hände: „Nein, meine Freunde! Wenn ihr Reiseproviant mitnehmen wollt — gut. Aber für Essen und Trinken — kein Gedanke!"

„Wie können wir es Euch vergelten?" fragte Vater.

„Ihr könnt mich einladen, wenn ich mal vorbeikomme. Laßt's euch nur schmecken. Dafür labe ich mich am Anblick eurer prächti=

gen Kinder. Le bon Dieu hat Félice und mir keine geschenkt — aber wir hoffen noch."

Die Kinder benutzten die Gelegenheit, sich in den Lagerräumen umzusehen. An den Sparren hingen große Stücke Rauchfleisch und mächtige Schinken. Ballen von gepreßtem Heu reihten sich an den Wänden und dienten als Sitzgelegenheit. An den Wänden hingen Werkzeuge und Zügel und Zaumzeug und eiserne Tiegel und Töpfe — und sogar eine Messing-Wärmflasche, wie sie in Dorchester eine gehabt hatten. Außer Trockenfleisch war nicht viel an Lebensmitteln vorhanden. Eine mit weißem Ölpapier bedeckte Kiste enthielt süßes Backwerk in der üblichen roten Verpackung. Dann gab es noch dunkle viereckige Täfelchen — Milchschokolade, wie Pierre sie nannte —, ferner Schnüre, an denen blinkende Kristalle aufgereiht waren — Kandiszucker. Pierre ließ sie großzügig von beidem kosten. Dann zeigte er ihnen die glitzernden Glasperlen, auf die die Indianer so erpicht waren. Priscilla fand sie ziemlich geschmacklos, war aber zu höflich, um es auszusprechen.

Inzwischen war Grisette, die graue Katze, hereingekommen. Sie strich ihrer Herrin um die Füße und ließ sich von ihr streicheln. Als ihr Futternapf auf den Herd gestellt wurde, machte sie den Rücken krumm und spähte zu Goliath hinüber. Aber der war zu träge und zu bequem, um die Herausforderung anzunehmen. Die Katze schien zu merken, daß mit ihm irgend etwas nicht stimmte, und begann ihm seine Schrammen zu lecken. Als Beths Kätzchen in ihrem Korb den schönen Katzenduft roch, kletterte es heraus und näherte sich der Grauen. Grisette hieß es sogleich willkommen, und bald schmiegten sie sich zärtlich aneinander.

„Die arme Grisette hat vor vierzehn Tagen zwei Kätzchen gehabt", berichtete Félice, „aber die hat ein Wiesel geholt. Nun hat sie was zum Liebhaben gefunden." Und sie blickte gerührt auf dieses Bild getrösteter Mutterliebe.

Priscilla merkte bald, worüber die Männer miteinander redeten.

Pierre hatte Nachrichten von der Küste erhalten. „In dem Sturm am Kap sollen zwei Schiffe untergegangen sein", sagte er. „Das eine war die Eglantine, das andere hatte einen Mädchennamen."

„Alle Schiffe seien aufgehalten worden, sagt man", bemerkte Félice.

„Es heißt auch", fuhr Pierre fort, „ein Matrose sei von einer Woge über Bord geschwemmt worden und ertrunken."

Félice setzte besorgt hinzu: „Die Indianer behaupten, das Schiff sei nach einem Vogel benannt. Pierre hat natürlich gleich nach der Taube, dem Truthahn und dem Albatros gefragt, aber die Indianer konnten sich nicht mehr erinnern."

„Auf welche Weise erfahrt ihr solche Dinge?" fragte Matthäus Grant.

„Wir tauschen oft Waren mit ihnen. Die Indianer sagen auch", fuhr Pierre fort, „daß der Fluß bis Mitte November fest zugefroren sein dürfte. Sollte das zutreffen, kann die Taube an der Mündung oder am Unterlauf einfrieren." Er schien die Lage für sehr ernst zu halten.

„Nun, darüber wollen wir uns den Kopf zerbrechen, wenn wir hinkommen", meinte Pastor Laneham. „Hoffen wir, daß die Taube schon vor uns bei unsrer Siedlung ist." Er war wie gewöhnlich voller Zuversicht.

Roger Crisp und Markus Barland gingen immer wieder hinaus, um „nach dem Wetter zu sehen". Priscilla ahnte, daß sie noch Schlimmeres befürchteten als Regen. „Ein Sprühregen macht uns nichts aus", sagte Vater, „selbst einen ordentlichen Guß vertragen wir, solange es nicht friert. Aber in dieser Jahreszeit weiß kein Mensch, was alles passieren kann. Ihr wißt, wir hatten gehofft, in zwei Wochen am Ziel zu sein."

Vor dem Schlafengehen besprachen die Männer noch, was sie mitnehmen würden.

„Ich habe leider nicht all das am Lager, was ihr gerne haben möchtet", sagte Pierre bedauernd. „Der Sturm im August hat viel Getreide vernichtet, und ich muß auch etwas für die Indianer aufheben."

Saul Needham kaufte ein braunes Wollhemd, wildlederne Hosen und etliche Socken, da er bei seiner Flucht keine weitere Kleidung hatte mitnehmen können. Pierre brachte ihm noch ein Rasiermesser und ein paar Mokassins. Witwe Gaylord deckte sich nur mit Nahrungsmitteln ein, aber dazu rechnete sie auch Kandiszucker, Rosinen und etwas Tee, denn „Abwechslung erquickt die Seele".

Vater redete Mutter zu, ein Paket Wolle von tiefblauer Farbe zu erstehen, aus dem sich ein Umhang stricken ließ wie der von Frau Laneham, sowie etwas von dem weichen, knisternden Stoff, den sie Taft nannten. Er hatte einen reizenden rötlichen Farbton.

Mutter sträubte sich, aber Vater erklärte: „Aber meine Liebe, wir sind doch keine armen Leute. Warum sollen wir es nicht kaufen?"

Darauf suchte sich Mutter noch Kerzen aus sowie eine zweite Laterne mit Seitenwänden aus durchsichtigem Horn und einige Arzneimittel, ein Töpfchen Gänsefett, Kampfer und eine Flüssigkeit, die ein gutes Abführmittel sein sollte.

Vater, Saul und einige andere wurden mit Schneeschuhen ausgerüstet, obwohl man noch nicht recht wußte, wie man sie im Gepäck unterbringen sollte.

Während sie mit ihren Einkäufen beschäftigt waren, zog Pierre einen wildledernen Anzug hervor, lange weite Hosen und eine Jacke, die man über den Kopf streifen und um die Taille zusammenschnüren konnte. Priscilla staunte, wie weich er sich anfühlte.

Pierre maß die Hosen an ihrer Taille. „Die wären gerade recht für ma petite Priscilla, wenn sie Hosen trüge."

„Ich wollte, es ginge", sagte sie. „Meine Röcke sind mir oft im Weg . . . Aber ich kann natürlich keine Hosen tragen", sagte sie bedauernd.

„Und warum nicht?" fragte Vater.

„Im dritten Buch Mose", rief Roger Crisp empört, „steht ausdrücklich, daß die Frau keine Männerkleidung tragen darf."

„Das ist unvernünftig", erklärte Vater. „Meine Tochter soll die Hosen anziehen, wenn sie sie bequemer findet. Schließlich hat damals kein Israelit unter solchen Umständen nach Connecticut marschieren müssen."

„Aber es ist nicht sittsam", protestierte Frau Crisp.

„Meine Tochter ist immer sittsam, ganz gleich, was sie anzieht. Der Herrgott sieht ins Herz und nicht nach dem Anzug."

„Du kannst sie morgen tragen", sagte Mutter. „Pack dein gelbes Kleid recht sorgfältig zusammen. Du bekommst auch noch saubere Wäsche."

Jetzt erst wurde ihr bewußt, wie sehr sie sich nach der Berührung mit frischem Leinen gesehnt hatte! Sie folgte der Einladung von Madame und ging mit ihr in den hinteren Raum, um sich in einem Zuber mit Schwamm und schäumender Seife zu waschen. Nachher zog sie wieder ihr gelbes Kleid an, um darin zu schlafen. Aber morgen, gottlob, würde sie es los sein!

Als sie die Wollstrümpfe auszog, merkte sie, daß einer an der Ferse festklebte, und wußte, was sie so sehr geplagt hatte — eine große rote Blase, die aufgegangen war. Mutter legte ihr eine angenehm duftende Salbe auf. Dann sahen sie, daß überall, wo die Schnürbänder gedrückt hatten, eine kleine Blase war oder aufgescheuerte Haut. „Morgen läßt du die Schuhe fort", sagte Mutter. „Du ziehst Wollstrümpfe an, darüber die Mokassins und dann die eingefetteten Strümpfe, damit du dir die Füße nicht erfrierst — und du wirst reiten."

Priscilla wartete, bis die Salbe in die Haut gezogen war, dann rieb sie sich die Füße mit Heu ab und streckte sich auf zwei Heubündeln aus, die ihr als Lager dienten. Aber die Wolldecke war nichts für ihre empfindlichen Füße, und sie konnte es vor Juckreiz kaum aushalten. Da kam Madame vorbei und sah die Bescherung. Sie stieß die eigenartig gurrenden Laute aus, die sich so nett anhörten, nahm die Wolldecke weg und breitete stattdessen die weichste, leichteste Bettdecke über Priscilla, die sie je im Leben gehabt hatte. Es war eine tiefrote, gemusterte Steppdecke, leicht wie eine Wolke. „Sie ist mit Daunen gefüllt, den Federn der Eiderente, die hoch im Norden lebt", sagte sie dazu.

Dieses Erlebnis mußte unbedingt in ihr Tagebuch kommen, überlegte Priscilla, und sie wußte schon was sie hineinschreiben würde:

They have a gray cat Grigette. She likes Goldie.

I, Priscilla this night slept under ye feathers of an eider duck.

This is Grigette

„Ich, Priscilla, habe heute nacht unter einer Eiderdaunendecke geschlafen!"

136

Die Wettersorgen waren nur allzu begründet. Kurz vor Mitternacht meldeten die Lagerwächter mächtiges Schneetreiben. Schon lagen tiefe Schneewehen rings um die Scheune. Vor Tagesanbruch blies ein scharfer Wind von Norden her und brachte Hagelschauer mit. Der Schnee wurde zu einer einzigen eisbedeckten Falle, und an dem überhängenden Giebeldach des Hauses bildeten sich ganze Fransenreihen von langen, spitz zulaufenden Eiszapfen. Ab und zu hörte man ein lautes Krachen, das Priscilla gut kannte, sonst hätte sie gedacht, es wären Explosionen. Aber es waren vereiste Äste, die unter ihrer Last zusammenbrachen, und sie fürchtete, der Bay-Pfad würde sich mit lauter abgebrochenem Geäst bedecken oder gar mit ganzen jungen Bäumen, die das Gewicht des Eises nicht hatten tragen können.

„In dieses Unwetter könnt ihr euch nicht hinauswagen", sagte Félice, als sie am Mittwoch früh aufgestanden waren. „Das lassen wir auf keinen Fall zu."

„Solange es derart schneit und so weiterbläst, geht's freilich nicht", sagte Vater. „Es wäre Unvernunft, sich ein paar Meilen durch den Schneesturm vorzuarbeiten, um dann im Eis zu übernachten. Aber dann wollen wir unser Essen bezahlen."

Madame lächelte. „Wir werden sehen."

Die Mädchen und Jungen fragten, ob sie sich irgendwie nützlich machen könnten, und bekamen Mais zu entkörnen. Wenn ein Junge ein rotes Korn erwischte, verlangte er von einem Mädchen einen Kuß, wie es die größeren Jungen beim Maisrebbeln zu tun pflegten. Seth trat mit einem roten Korn in der Hand auf Priscilla zu, und sie holte schon aus, um ihm eins hinter die Ohren zu geben, als er sich verbeugte und ganz in der Art Pierres sagte: „Ma petite Priscilla" und ihr die Hand küßte.

Madame zeigte den Frauen etwas, das sie eine Maske nannte. Auf den ersten Blick meinte man, es sei ein kurzer Strumpf ohne Fuß. Sie zog es über ihre schwarzen Locken. „Seht, so braucht man nicht am Gesicht zu frieren!" Ihre Augen zwinkerten lustig durch schmale, gesäumte Schlitze, und in einem Loch vor ihrem Mund erschien eine winzige rote Zungenspitze.

„Ich geb euch das Strickmuster", fuhr sie fort. „Es geht blitzschnell bei den lockeren Maschen."

„Ja, wenn wir Wolle hätten", sagte Witwe Gaylord. „Beth würde gern . . ."

„Mais oui, Wolle haben wir genug."

Und Madame zog einen Kasten heraus, der eine große Auswahl enthielt, Wolle in allen Schattierungen, in leuchtendem Rot, Blau, Purpur, Rosa und Braun.

„Was möchtest du für eine Farbe, Priscilla?" fragte Mutter.

„Wenn ich blaue haben könnte?"

„Und für Samuel nehmen wir rote."

Die Mädchen mußten nun die Hände ausstrecken, um die Stränge zu halten, und die Mütter nahmen es ab und wickelten es zu Knäueln auf. Dann konnte das Stricken losgehen. Priscillas Kopfschützer war schon zu Mittag fertig. Sie zog ihn gleich über und wunderte sich, wie die Schlitze für Mund, Nase und Augen genau an der richtigen Stelle saßen. Sogar essen konnte man damit, wenn man etwas aufpasste. Als Samuel den seinen anprobieren sollte, sträubte er sich und erklärte, er sei doch keine Rothaut. Aber nachher machte es ihm um so größeren Spaß, seinen Vater in der Scheune mit der roten Maske zu „erschrecken".

Als es zum Essen ging, bemerkte Pierre: „Meine Freunde, es ist reichlich da, aber ihr dürft es nicht übelnehmen, wenn Félice und ich uns zurückhalten und uns mit Fisch begnügen."

„Für uns gibt es an diesem Tag bestimmte religiöse Vorschriften", fügte Félice hinzu. „Morgen ist Allerheiligen. Ihr wißt, wir haben für viele Heilige besondere Feiertage."

Priscilla hörte Roger Crisp etwas sagen und sah, wie Vater ihm einen verweisenden Blick zuwarf.

„Und übermorgen", schloß Félice, „übermorgen haben wir einen Feiertag für alle gestorbenen Christen. Heute ist also der Vorabend von Allerheiligen."

„Böse Zungen sagen", setzte Pierre hinzu, „daß an diesem Abend, an dem alle guten Christen beim Beten sind, der Teufel und seine Helfershelfer besonders geschäftig seien."

Auch beim Abendessen aßen die Gastgeber gesalzenen Fisch, während die Gäste in Rinderbraten und Hammelfleisch mit Weinsauce schwelgten. Pastor Laneham sprach das Dankgebet, dem die Bonhommes achtungsvoll zuhörten.

Dann sagte Pierre: „Nun ist die Reihe an uns zu beten." Sie zogen sich in ihr Zimmer zurück, und die Gäste konnten durch die offene Tür sehen, wie sie vor einem einfachen Hausaltar niederknieten, auf dem mehrere Kerzen brannten.

„Habt ihr schon bemerkt", sagte Mutter da, als ob es ihr eben erst auffiele, „wie gut die Namen zu ihnen passen? Pierre heißt Peter — der Fels, und Bonhomme — guter Mensch!"

„Und Félice", ergänzte Pastor Laneham, „die Glückliche."

November 1
"They are gentle folk"

Freundliche Menschen

Der November begann mit einem sogenannten Zehnmeilentag. Die Unterhaltung drehte sich um die Frage, wo sie sich eigentlich befänden.

„Fast genau in der Mitte der Kolonie Massachusetts", sagte Pastor Laneham.

„Und wandern vom äußersten Osten nach dem äußersten Westen."

„Aber ein bißchen schräg zur Ostwest-Linie."

„Und mit allerlei Bögen und Windungen."

„Es geht in Richtung Agawam."

„Wie weit ist das?"

„Ungefähr fünfzig Meilen, wenn wir uns an die Wege halten."

„Ja, wir folgen den Bergrücken und gehen den Wasserläufen aus dem Weg wie bisher."

Die Führer berieten über die Einteilung der Lebensmittel. An einem Tag sollte es kein Mehl geben, am nächsten kein Fleisch, falls sie nicht zu frischem Wildbret kämen.

Priscilla hörte ihren Gesprächen zu.

„Es ist besser, auf Nummer Sicher zu gehen", meinte Markus Barland.

„Ja, solange wir bei Kräften bleiben."

„Vergeßt nicht, das Schiff kann große Verspätung haben."

„Wir müssen sehen, baldmöglichst nach Agawam zu kommen."

„Hoffentlich hält der Fährmann Wort und setzt uns über."

Vater hatte ihnen von dem grauhaarigen Mann mit den zwei Einbäumen erzählt, mit denen sie über den Fluß zu kommen hofften.

Wenn sie „der Fluß" sagten, dann meinten sie natürlich immer den Strom, auf den sich all ihre Zukunftshoffnungen gründeten. *Quinatucquet* nannten ihn die Indianer, woraus die Engländer *Connecticut* gemacht hatten.

Die drei Führer hatten beschlossen, von der westlichen Richtung abzugehen und sich nach Südwesten zu wenden, wo sie auf weniger Wasserläufe stoßen und nicht so sehr von den Nipmunks bedroht sein würden.

„Pastor Eliot hat die Nipmunks besucht", sagte Pastor Laneham. „Es sind ziemlich ungemütliche Kerle."

„Sie sind von den Weißen schlecht behandelt worden", erklärte Roger Crisp, „und man kann es ihnen nicht verübeln, daß sie um ihre Heimat kämpfen."

„Hoffentlich begreifen sie, daß wir nicht ihre Feinde sind", sagte Mutter.

Sie begegneten keinen Nipmunks, nur ihre verlassenen Hütten waren zu sehen und die Asche ihrer Lagerfeuer. Sie hatten wohl in dieser Gegend gejagt und sich dann in eine ihrer festen Siedlungen zurückgezogen.

Es schneite nicht mehr, und der Altschnee blieb fest und hart. Trotzdem kamen sie nicht so bequem vorwärts wie auf den laubbedeckten Pfaden.

Als es Zeit wurde, das erste Lager aufzuschlagen, stießen sie auf ein Häuschen von englischer Bauart — ein kleines, strohgedecktes Blockhaus. Aus dem Schornstein quoll Rauch.

„Es kann nichts schaden, dort anzuklopfen", meinte Mose Gridley. „Aber erst wollen wir sie anrufen."

Ein blasser junger Mann in Wildlederhosen und brauner Molljacke trat aus der Tür, das Gewehr im Anschlag.

„Halt! Wer da?" rief er scharf.

„Gut Freund! Engländer aus Dorchester, unterwegs nach dem Connecticut."

„Schlechte Reisezeit, meine Freunde", sagte er. „Tretet schleunigst ein! Ihr müßt ja ganz erfroren sein."

Jetzt kamen auch seine blonde junge Frau und zwei kleine Mädchen heraus. Alle drei trugen graue Wollkleider mit blitzsauberen weißen Kragen.

„Wir heißen Giles und Eleanor Gilchrist", sagte sie.

„Wir sind Quäker aus Berkshire", setzte der Mann hinzu.

„Dürfen wir wohl unter eurem Vordach lagern und unser Vieh im Schutz der Stallwand unterbringen?" fragte Pastor Laneham.

„Gern. Es tut mir nur leid, daß ich euch nichts zu essen anbieten kann", erwiderte der Quäker. „Aber wir haben gerade genug, um uns selbst bis zum Frühling durchzubringen."

„Dann müßt ihr mit uns zu Abend essen", sagte Matthäus Grant.

„Ist jemand von euch krank oder schwach?" fragte die Frau. „Ein paar könnten im Haus auf dem Boden schlafen. Es ist zwar hart aber warm."

So konnten sich Frau Laneham mit Dorcas sowie Grace Crisp, Samuel und Gavin im Haus ein Lager richten.

Eleanor Gilchrist, in einen wollenen Überwurf gehüllt, ein Kopftuch über dem blonden Haar, kam heraus, um bei der Zubereitung des Essens zu helfen. Sie stellte ihr Feuer und ihre Kochtöpfe zur Verfügung, und schon bald war das Abendessen gerichtet. Es gab warmen Maisbrei mit Schinken, dazu guten starken Tee, der mit weißem Zucker gesüßt war.

„Wir sind erst diesen Herbst gekommen", sagte sie, „aber im Frühjahr geht's nach dem Süden. Wir können die Einsamkeit und die Kälte nicht aushalten."

„Vielleicht überlegt ihr, ob ihr nicht mit uns in Mattenang um ein Stück Land losen wollt. Auch uns hat die religiöse Unduldsamkeit vertrieben. Aber in unserer Siedlung gibt es das nicht, solange ich Pastor in der Gemeinde bin." Pastor Laneham sprach herzlich und überzeugend.

„Unser Stall ist leer", sagte Giles. „Wir haben unsern Ochsen verkaufen müssen, und die Kuh ist vor einigen Wochen eingegangen. Ihr könnt die Scheune benutzen, und Heu für die Tiere ist auch da."

Roger Crisp und Vater beratschlagten, ob sie das Angebot annehmen könnten. „Wir machen gerne davon Gebrauch. Dafür überlassen wir euch Nahrungsmittel für eine Woche," sagte Vater schließlich.

Priscilla hatte sich inzwischen mit den kleinen Mädchen angefreundet und sie von ihrem Kandiszucker kosten lassen. Die beiden hatten Puppen aus Maishülsen, denen sie schöne graue Quäkerinnenkleidchen angezogen hatten, ganz wie ihre eigenen. Die Enten liefen in der Stube herum, und der quicklebendige weiße Terrier wackelte zu ihrer Begrüßung anhaltend mit seinem Stummelschwänzchen. Das eine Ohr hing ihm ein bißchen herunter und gab dem drolligen Kerlchen einen verschmitzten Ausdruck. Er und Goliath beschnüffelten sich feierlich und zeigten sich von dem Ergebnis befriedigt. „Selbst die Quäkerhunde sind nett", sagte Priscilla. „Ich begreife gar nicht, warum keiner sie als Nachbarn haben will. Es sind freundliche Menschen!"

„Es ist schön, daß du spürst, was gut und echt ist, Priscilla", sagte ihre Mutter. „Das Echte erkennt man immer und in jedem Gewand."

„Hoffentlich kommen Gilchrists auch nach Connecticut", sagte Grace Crisp.

„Mitsamt ihren Enten!" rief Samuel.

„Und dem Hund!" ergänzte Gavin.

Und Priscilla schrieb in ihr Tagebuch:

„Die letzte Nacht verbrachten wir bei Quäkern. Sie hatten drei Enten und einen kleinen Terrier."

We spent last night with some ~~Quackers~~ Quakers. They had 3 ducks and a little terrier.

November 2
"Not a Nipmunk"

Kein einziger Nipmunk

Bei Tagesanbruch nahmen sie von den Quäkern Abschied. Es war ein heller, frischer Morgen. Die Wasserlachen und Rinnsale waren von einer dünnen Eisschicht bedeckt, und die dünne Schneeschicht zerschmolz unter ihren Tritten. Die Mädchen ritten jetzt immer abwechselnd eine halbe Stunde und fanden, daß sie auf diese Weise weniger ermüdeten. Die Witwe Gaylord, die körperlich recht abgespannt, aber geistig immer sehr rege war, ritt meistens auf Tomneedham.

„Jetzt wissen wir, was indianische Marschordnung heißt", sagte Jonathan, als sie auf dem engen Weg zum Gänsemarsch übergingen.

Als sie die Hügelkuppe erreichten, die nach allen Seiten gute Sicht bot, rief Roger Crisp, der sich immer deutlicher an seine Erkundungsreise mit Tom Needham erinnerte: „Schaut mal nach Südosten!"

In der Ferne zeichnete sich ganz schwach ein blaßgrünes Gewässer ab, das im Sonnenschein glänzte. Es war unregelmäßig geformt und mochte an der breitesten Stelle etwa zwei Meilen messen. In der Mitte lag eine Insel.

„Das ist die heilige Insel der Nipmunks", sagte er. „Sie ist von freundlichen Geistern bewohnt. Ich würde sie niemals belästigen."

„Sag uns doch den indianischen Namen der Insel", bat Frau Crisp, die sich etwas auf die Kenntnisse ihres Mannes zugute tat.

Und nun kam ein herrlicher Name aus seinem Mund, ein musikalischer Ohrenschmaus: „Chargoggagomanchaugogchaubunagungamaug!"

Alles verstummte vor Bewunderung.

Endlich sagte Seth: „Könnt Ihr das nochmal sagen, Sir?" Und alles lachte.

„Sind wir hier nicht in der Nähe der Graphitlager, von denen Ihr erzähltet?" fragte Lukas Laneham.

„Was ist das, Graphit?" Allgemeines Schweigen.

„Tom Needham und ich", antwortete Roger Crisp mit dem Eifer des Entdeckers, „sind Indianern begegnet, die ihre Gesichter mit einer Art grobkörnigem Staub geschwärzt hatten — Graphit."

Vater wußte noch mehr darüber: „Gouverneur Winthrop hat festzustellen versucht, ob man ihn bergmännisch abbauen kann, wie die hiesigen Steinkohlen, aber es fehlte an Arbeitskräften."

„Graphit", sagte Mose Gridley in das allgemeine Stillschweigen, „Graphit kann gehärtet und geformt werden. Wenn man ihn in einen Holzstab einläßt, kann man damit schreiben."

„Es hält aber nicht so lange wie Tinte", sagte Pastor Laneham.

Er dachte gewiß an die zierlich geschriebenen Predigten, die er immer so sorgfältig zu Papier brachte.

Ob man wirklich mit Graphit schreiben konnte? Priscilla dachte daran, wieviel bequemer es wäre, als immer erst die Feder zu reinigen und zuzuschneiden und die Tinte zurechtzumachen. Sie hätte gar zu gern etwas Graphit! Dann könnte sie auch öfter Tagebuch führen und sich mehr im Zeichnen üben.

Als sie die Gegend verließen, trugen Hände und Gesichter der drei Jungen beachtliche Spuren von Graphitpulver. Die Mütter hatten schnell heraus, daß man es mit Gänseschmalz und kräftigem Reiben wieder entfernen konnte.

Am nächsten Tag brachen sie noch vor der Morgendämmerung auf, um beizeiten den nächsten Lagerplatz zu erreichen und sich auf den Sabbat vorbereiten zu können.

In dieser Nacht ist es eine Woche her, überlegte Priscilla, erst eine Woche, seit Goliath mit dem Vielfraß gekämpft hat! Zeit schien in diesem weiten Land keine Bedeutung zu haben.

„Wenn wir etwa sieben Meilen flott durchmarschieren", sagte Roger Crisp, der jetzt wegen seiner früheren Erfahrungen die Führung übernommen hatte, „können wir mittags in aller Ruhe Rast machen."

Vater war einverstanden: „Wir haben es zwar eilig, aber oft gewinnt man Zeit durch Ausruhen."

Sie wanderten jetzt durch eine dicht bewaldete Gegend. Der Weg lag tief im Schatten. Die Bäume nahmen ihnen aber nicht nur die Sonne weg, sondern milderten auch die Kälte. Fliegende Eichhörnchen strichen so nahe vorbei, daß man sie hätte berühren können. Ein Volk Wachteln schwirrte surrend vom Weg auf. Die Jungen hatten bis zum Mittag so viele Wachteln geschossen, daß es zu einem guten Mahl reichte. Priscilla fand es abscheulich, daß diese hübschen, harmlosen Vögel getötet werden mußten, aber es war ihr klar, daß es sich nicht vermeiden ließ. Und die Jungen schossen nicht mehr als nötig.

„Wenn ihr ein paar Schritte seitwärts geht", sagte Roger Crisp, „bekommt ihr etwas zu sehen, das sich lohnt. Ein Aussichtspunkt!"

„Das Vieh braucht keine Aussicht, Sir", sagte Benjamin Wheelwright. „Wenn es euch recht ist, gehen wir langsam voraus."

Sie erblickten einen mächtigen Felsen, mindestens hundertfünfzig Fuß hoch, zu dessen Gipfel teils natürliche, teils eingehauene Stufen führten.

„Als die Nipmunks noch hier lebten", erklärte Vater, „konnte ihr Häuptling sie von diesem Felsengipfel aus überwachen."

Die Mädchen kletterten zusammen mit Seth und Barnabas so weit hinauf, daß sie die Landschaft überblicken konnten. Wälder schimmerten im Sonnenglanz. Schneeflecken auf schwarzem Grund und dünnes Eis, das auf jeder Wasserlache glitzerte, verliehen dem Land einen winterlichen Zauber.

„Es sieht aus wie das Gelobte Land", sagte Pastor Laneham.

„Ja, da drüben ist es besser", erwiderte Roger Crisp, „aber wir müssen erst durchs ‚Rote Meer', ehe wir hinkommen." Aber wo war denn das Rote Meer? Priscilla entdeckte nur einen grünlichblauen Farbflecken in der Landschaft zu ihren Füßen. „Der Wales-See", erklärte Roger Crisp. Während sie ihre Augen noch an dem prächtigen Farbenspiel weidete, beobachteten die Männer aufmerksam nach allen Seiten das Land.

„Nichts von einem indianischen Lagerfeuer oder von einem Dorf zu sehen", sagte einer.

„Kein einziger Nipmunk!"

„Das Wetter scheint gut zu bleiben."

Nun ging es wieder abwärts und am sandigen Ufer des blauen Sees entlang bis zu seiner Westspitze. Hier hatten die Wheelwright-Jungen, George Gridley und Saul die Herde zusammengetrieben und ein Lagerfeuer angezündet. Die Wachteln waren schon gerupft und zugerichtet und lagen in siedendem Wasser, nachdem sie zuvor in fettem Speck braun geröstet worden waren.

„Was für ein Wohlleben!" sagte Deliverance. „Eine Mittagsrast ohne Hetzerei!"

„Schau mal, die zwei Bergspitzen drüben im Westen!" sagte Beth. „Und die rosa und purpurnen Wolken ringsherum!" Bestimmt hätte Beth sie liebend gern gemalt.

„Der eine Berg könnte der ‚Pisgah' sein", meinte Vater, „von dem aus wir vielleicht unser Kanaan sehen."

„Hoffentlich haben wir am Sabbat schönes Wetter", sagte Frau Barland.

„Seien wir froh und dankbar, daß wir gesund sind!"

„Wir wollen beten, daß die *Taube* noch zur rechten Zeit den Fluß hinauffahren konnte."

Die Kinder schnatterten durcheinander, um zu erklären, was jedes von ihnen am dringendsten aus dem Schiff brauchte.

„Ein sauberes Kleid!" Das war natürlich Beth.

„Ein Federbett!"

„Meine Bücher", sagte Lukas Laneham, der immer ans Studieren dachte.

„Meinen Bruder wiedersehen, Eben-Ezer Enright", sagte Beths Mutter.

„Meine Katze, Queen Bess", sagte Priscilla.

Sie legten ein gutes Tempo vor. Der Pfad bog leicht nach Nordwesten ab. Am späten Nachmittag gelangten sie mitten in das Flußgebiet des flachen Quabaug mit seinen vielen Windungen. Soweit es sich von den Hügeln aus erkennen ließ, war die ganze Gegend ein einziges Gewirr der verschiedenartigsten Muster, von krummen, kreisrunden, eiförmigen und rautenähnlichen, die von den vielerlei seichten Wasserläufen umsäumt waren. Wenn sie einen der Arme überqueren wollten, mußten sie oft eine ganze Weile seinem Lauf folgen, ehe sie eine schmale Stelle fanden, wo man leicht hinüberspringen konnte.

„Das sieht aus wie Silberbrokat auf braunem Tuch", sagte Frau Laneham, die abgesessen war, um ein Stück zu laufen.

„Überall Katzeneis", stellte Seth fest.

Was das sei, wollte Priscilla wissen. „Dünnes Eis über Wasser", sagte er wichtig.

„Vielleicht bedeutet das, daß eine Katze darauf laufen kann", sagte Beth. „Ich will Goldi ein bißchen springen lassen."

Goldi lief erst auf einen Käfer zu, dann hielt sie an, um mit ernstem Blick einem trägen Frosch zuzuschauen, der sich ins Wasser verzog, wobei das Eis leise klirrte.

Da die Führer vom Lagern an den tiefgelegenen Stellen abrieten, beeilten sie sich weiterzukommen.

Die Luft war ungewöhnlich warm, ja fast frühlinghaft, und im Lager kam eine beinahe ausgelassene Samstagabendstimmung auf, wie bei einem Ausflug, allerdings geweiht durch die Sabbatvorbereitungen. Auf einem höher gelegenen, von Bäumen und Felsen umrahmten Platz hatten sie haltgemacht. Die Kühe und Schweine fanden Eicheln in Menge, und die Kinder füllten Körbe, Säcke und Taschen mit Eßkastanien, die überall herumlagen und bloß aufgehoben zu werden brauchten. Aaron und Silas ernteten großen Beifall, als sie einen wilden Truthahn und einige Enten zur Strecke brachten.

Da sie zeitig an Ort und Stelle waren, errichteten sie drei Feuerstellen, um die sie Baumstämme schichteten, damit die Flammen nicht hochschlugen. Der Truthahn und die Enten sollten langsam kochen und, mit etwas Salz gewürzt, ein gutes Sabbatmahl abgeben. Zum Abendessen gab es Milch und heißen Maiskuchen, der über den Kohlen gebacken war. Wer Lust hatte, konnte sich an Trockenfleisch und Salzfisch halten.

Die Mädchen kochten Kastanien, bis die Schale sprang. Dann

wurden einige geröstet, andere enthülst, um als Füllung den gebratenen Vögeln einverleibt zu werden. Der Rest kam als Reiseproviant ins Gepäck.

Sie saßen mitten unter den Tieren wie unter guten Kameraden. Priscilla war Henoch und George behilflich, bei den Kühen die Augen, Ohren und Nüstern zu untersuchen, die in den Wäldern einiges abbekommen hatten, und die weichen Euter warm abzuwaschen. Sie strich den Schafen — Glaube, Liebe und Hoffnung — über den Kopf und ließ sich von ihnen beschnuppern.

Ehe sie schlafen gingen, rief Mutter die beiden Kinder zu sich, ließ sie Schuhe und Strümpfe ausziehen und goß ihnen warmes Wasser über die Füße. Dieser einfache Vorgang gab Priscilla ein Gefühl des Daheimseins. Bald würden sie wieder in die klare Lebensordnung von Dorchester zurückkehren, die Ordnung, in der man sich so gut aufgehoben wußte, ganz gleich, was auch immer kommen mochte.

Worauf kann ich so sicher zählen wie auf einen Stern? überlegte Priscilla. Auf Gott. Und auf Vater und Mutter.

Beinahe hätte sie hinzugefügt: Und auf Goliath, aber das ging doch wohl nicht gut. Dafür liebkoste sie ihn und kraulte ihn hinter den Ohren zur Entschädigung dafür, daß er aus solch erlauchter Gesellschaft ausgeschlossen blieb.

„Wenn es warm ist, liege ich auf dem Bärenfell unter meiner Decke und schaue nach den Sternen. Vater sagt, ich kann mich immer nach dem Großen Wagen richten. Wir nennen die beiden Sterne am Ende des Wagens die Zeiger, weil sie immer auf den Polarstern zeigen, ganz gleich wo der Wagen steht."

3 Nov.

When it is warm enough, I lie on my
bearskin under my blanket and look
at ye stars. Father says I can always count
on ye Great Dipper. We call ye two stars
at ye end of ye bowl farthest from ye
handle <u>Pointers</u>. These always point
to ye Pole Star, no matter where ye
Dipper is

Wieder war Sabbat! Sie schliefen, bis ihnen die Sonne ins Gesicht schien. Dieser 4. November war ein klarer Tag. Sie hatten ihn der Ruhe und der Gemeinschaft gewidmet. Zum Frühstück gab es heißen Apfelwein und kalten Maiskuchen. Nachher war man familienweise zusammen. Sie lernten und wiederholten ihren Katechismus. Samuel hatte seit dem letztenmal drei Antworten gelernt und konnte sie ohne anzustoßen hersagen. Priscilla hatte sich vorgenommen, jede Woche einen Psalm aus der Genfer Bibel auswendig zu lernen.

Pastor Laneham hatte für die Predigt seinen Platz zwischen zwei Felsen genommen, wie damals John Eliot. Er hatte den Talar angelegt, der an den gewohnten Gottesdienst im Gemeindehaus in Dorchester erinnerte. Frau Laneham in ihrem karminroten Umhang saß auf einem Baumstumpf vor dem Felsen, und Klein Dorcas neben ihr auf einem Stein, den Kopf gegen ihre Knie gelehnt. Die vier älteren Männer hatten auf einem umgestürzten Baum Platz genommen, Roger Crisp mit einer Decke über den Knien. Ganz wie die Ältesten daheim im Kirchenstuhl! Priscilla ertappte sich dabei, wie sie nach Oma Symonds Ausschau hielt, die eigentlich im Kirchenstuhl der Schwerhörigen sitzen und ihren Fenchelsamen kauen müßte.

Sie hörten das lange Gebet stehend an, aber Priscilla fand es schön, und auch das Sitzen auf ihrem Felsblock bis zum Ende der Predigt wurde ihr nicht weiter unbequem, und sie hätte bis zuletzt aufmerksam zugehört, wenn nicht eine große rote Ameise den Kopf durch ihren Strumpf gezwängt und sie ins Bein gebissen hätte.

Nachher verspeisten sie das herrlich duftende gebratene Geflügel und knabberten ihre Kastanien. Schließlich streckten sie sich für zwei Stunden gemächlich aus und ließen sich von der Sonne wärmen. Später spazierten die Mädchen zwischen den Bäumen auf und ab und sammelten noch mehr Kastanien. Jetzt hatten sie so viel, daß sie sogar Daffodil und den Schweinen davon abgeben konnten.

Bei der Abendandacht las Pastor Laneham den Spruch: „Dies ist der Tag, den der Herr macht; lasset uns freuen und fröhlich darinnen sein." Und auch die Mädchen sagten „Amen" dazu.

Priscilla wollte gerade von ihrem Lager aufstehen, als Goliaths kalte Nase ihre Hand berührte. Ringsum war schon alles in Bewegung. Schafe, Schweine und Kühe, die heute wieder mit ihnen zusammen ziehen würden, waren abmarschbereit und Pferde und Ochsen bereits beladen. Vater trieb zur Eile.

Sie verließen die Lichtung und folgten einem schmalen Pfad, der sich ab und zu an einem Fluß entlangzog. Bald waren sie wieder auf einer hohen Felskuppe, von der sich ein weiter Ausblick über das Land ringsum eröffnete.

„Immer noch keine Indianer!" sagte einer der Männer erleichtert. Er meinte natürlich die Pequots und vielleicht die Nipmunks. Doch wie hätten sie sich gefreut, wenn Roter Hirsch irgendwo aufgetaucht wäre!

Bis Mittag ging es ohne Halt vorwärts. „Reitet, wenn ihr euch ausruhen wollt", hieß die Parole. „Die Traglasten der Tiere sind jetzt leicht."

Priscilla ritt eine Zeitlang auf Trueblood. Sie tätschelte seine Stirn und streichelte ihm die langen Backen. Zuletzt zog sie sogar ein Stück Zucker aus ihrer Gürteltasche und schob es ihm ins Maul.

Lange bevor die Sonne den Horizont erreichte, begann es zu nieseln. Innerhalb einer Stunde wurde es recht kühl. Der Regen verwandelte sich in Hagel, der ihnen in die Haut schnitt. Priscilla hielt an, um den Pelzumhang umzunehmen und den wollenen Kopfschützer überzustreifen und dazu noch die Pelzkapuze. Es herrschte eine beißende Kälte, die sie bis in die Knochen spürte. Die armen Tiere taten ihr leid, die in Regen und Schnee immer einen ganz verlorenen Eindruck machten. „Die wissen ja nicht, warum sie so viel laufen müssen", sagte sie zu Vater, „und sie haben nicht wie wir die Hoffnung, daß es bald vorbei ist."

„Ich bin froh, daß Goldi so leicht ist, und ich sie in ihrem Körbchen tragen kann", sagte Beth.

Endlich ließ der Hagel nach. Dafür kam jetzt Schnee! Millionen von leichten Flocken umwirbelten sie so dicht, daß sie fast nichts mehr sehen konnten. Sie marschierten weiter, weil sie einfach nicht haltmachen konnten. Saul Needham packte eins der leichten Seile aus, die er bei Pierre Bonhomme gekauft hatte, und drückte Priscilla das eine Ende in die Hand. Sie begriff, daß er eine Kette machen wollte, um sie zusammenzuhalten, falls jemand stürzte oder vom Wege abkam.

„Ich friere so sehr, daß ich es vielleicht nicht halten kann", sagte sie besorgt.

Da befestigte er es an ihrem ledernen Gürtelriemen.

Seths Stimme tönte durch die schweigende Weite: „Wem gleicht das, Priscilla?"

Aha, der gute Junge wollte sie zu dem alten Spiel einladen, das die Königin Elisabeth so liebte: Vergleiche suchen.

„Es ist wie ein Wirbel von Gänsefedern."

„Wie wenn man in einem Milcheimer herumgeschüttelt wird."

„Wie wenn man in einer treibenden Wolke schwebt."

Da hörten sie Vaters ruhige Stimme: „Wenn es über unsere Kräfte geht, wird es aufhören."

Er sollte schon bald recht behalten.

Sie schienen sich jetzt einem Fluß zu nähern, darauf deuteten der Boden unter ihren Füßen und das Landschaftsbild. Mächtige, schneebeladene Ulmen türmten sich vor ihnen auf wie gespenstische Riesen. Es war noch nicht Abend, und der Schnee ringsum auf dem Boden und in den Zweigen verbreitete eine starke Helle. Priscilla watete durch den sechs Zoll tiefen Pulverschnee. Sie mußte bei jedem Schritt fest auftreten, um richtig Fuß fassen zu können, und hernach das Bein mühsam wieder herausziehen.

Plötzlich war die Sonne wieder da. Sie schimmerte durch das Ne-

154

belgrau und ließ den Schnee bis auf ein paar schwebende Flocken verschwinden.

Priscilla schloß aus dem Sonnenstand, daß der Weg sich nach Süden wendete, und sie spürte, mit welcher Besorgnis die Führer sie vorwärts trieben.

Roger Crisp erzählte von der früheren Reise, deren Einzelheiten ihm wieder einfielen. „Keine zehn Meilen nach Norden liegen Felsen, die mir unvergeßlich sind. Ein Felsblock ist dabei, der dreihundert Tonnen wiegen soll. Er heißt ‚Des Teufels Fußball'."

Vater verzog das Gesicht. „Gott sei Dank, daß wir heute abend auf keinen Felsen mehr zu klettern brauchen. Das Land fällt ganz sanft nach dem Fluß ab."

Und dann lag der Große Fluß vor ihnen!

Priscilla war zumute, als müßten sie ihn mit Trompetenstößen und Kanonenschüssen begrüßen.

Witwe Gaylord sagte leise: „Das ist der Fluß des Lebens."

„Trotzdem müssen wir hinüber", meinte Mutter trocken.

Der Fluß, der sich etwas weiter oben zu einem Punkt zu verengen schien, war hier eine knappe Viertelmeile breit, und nur kleine Schollen von Treibeis schwammen auf den ruhig dahingleitenden Fluten. Am Uferrand schien sich eine dünne Eisschicht gebildet zu haben.

„Wir kommen gerade noch zurecht", sagte Mose Gridley. „Später wäre der Fluß zu sehr vereist."

„Ja", sagte Vater, „und wenn das Eis auf den Bergen schmilzt, steigt der Fluß, und wenn er über die Ufer tritt —" er unterbrach sich: „Dort ist Jerry Malloys Hütte!"

„Rauch steigt aus dem Schornstein", setzte Aaron hinzu. „Er ist zu Hause."

„Jerry Malloy!" rief er. „Hier sind Freunde aus Dorchester, die dich im August besucht haben."

Ein untersetzter Mann mit ergrauendem Bart und Haar erschien in der Hüttentür. Hinter ihm wurde ein etwa vierzehn Fuß im Geviert messender Raum sichtbar, unordentlich, aber offenbar warm und von einem Kaminfeuer erhellt.

Sein heiterer Willkommensgruß zeigte, wie sehr ihn der Besuch erfreute: „Tüchtige Leute seid ihr! Aber ich warte schon eine Woche auf euch!"

„Du versprachst uns überzusetzen", sagte Vater, der keine Zeit verlieren wollte.

„Ich bin bereit", erwiderte Malloy. „Eure Frauen und Kinder können sich erst einmal aufwärmen, inzwischen wollen wir das Weitere besprechen."

Während sie sich in Malloys Hütte drängten, hörte Priscilla, wie Vater und der Fährmann sich berieten.

„In zwei Stunden ist es dunkel", sagte Malloy. „Vor morgen kann ich unmöglich alle übersetzen."

„Dann können wir ja lagern und warten", erklärte Pastor Laneham, der sich nicht bange machen ließ.

„Die Indianer hier sind ruhig", fuhr der Fährmann fort. „Vielleicht können wir heute noch das Vieh hinüberbringen. Ein paar kommen mit und lagern auf dem Westufer."

Später kam Vater zurück und berichtete am warmen Kamin, was inzwischen geschehen war.

„Er hat zwei schwere Kähne zusammengebunden. Die Pferde mußten mit den Vorderbeinen in dem einen stehen und mit den Hinterbeinen in dem andern. Sauls Stute wollte nicht mitmachen und keilte aus. Da ist Saul mit ihr durch den Fluß geschwommen. Malloy ist zweimal gefahren. Das Vieh ist schon drüben bis auf Preserveds Ziege, Daisy, Samson und ein paar Schweine."

„Wo sind sie denn geblieben?" fragte Priscilla erschrocken.

„Die Ziege steht am Ufer und scharrt nach Wurzeln. Daisy und Samson sind im Wald verschwunden", sagte Vater.

Nov. 4

I like Preserved's goat. He does not smell good, though.

„Ich habe Preserveds Ziege gern, wenn sie auch nicht gut riecht."

Priscilla machte sich Sorge um das muntere Kälbchen und den sturen alten Samson, aber Vater beruhigte sie: „Die werden schon allein fertig. Dort haben sie Eicheln und Wurzeln. Malloy wird nach ihnen sehen . . . Schaut mal nach draußen", unterbrach er sich und wies auf die offene Tür. Jenseits des Flusses konnten sie vor dem Hintergrund des weißen Schnees und der grauen Felsblöcke die Lagerfeuer aufflammen sehen. Dazwischen entdeckten sie die jungen Männer, die unter den Tieren auf und ab gingen. Dort war offenbar alles in Ordnung.

„Er verlangt sechs Pennies für jeden, auch für jedes Tier", sagte Vater. „Und die Passagiere müssen beim Rudern helfen."

„Wo ist Goliath?" fragte Priscilla.

„Bei den Schafen. Ich habe die Überfahrt für ihn bezahlt, aber wahrscheinlich wäre er lieber geschwommen!"

Malloy kam zurück und stampfte sich die Füße warm.

„Wie wollt ihr es mit dem Lagern machen?" fragte er. „Kann ich euch irgendwie helfen?"

„Wir sind noch zu dreißig."

„Wieviel Frauen und Kinder?" fragte Malloy. „Zählt mal nach!"

Priscilla wußte nicht recht, ob sie sich dazu rechnen sollte, aber sie hoffte sehr, unter dem Dach schlafen zu dürfen.

„Die Mädchen auch", sagte Malloy und zeigte auf sie und auf Patience. „Ich zähle siebzehn. Ihr könnt hier schlafen. Legt euch dicht zusammen und haltet euch gegenseitig warm! Ich schlafe draußen bei den Männern. Wir legen uns an die warmen Wände unter dem Vordach."

So verbrachten sie die erste Nacht an den Ufern des Flusses ihrer Träume.

November 6
"River of dreams"

Der Fluß der Träume

Noch ehe es tagte, machten sie ihr Gepäck für die Überfahrt fertig. Sie hatten keine Zeit zu verlieren und aßen in aller Eile, was sie an kaltem Proviant mit sich führten. Priscilla hatte ein Säckchen Käse unter ihrer Hemdbluse getragen und war froh, daß er nicht gefroren war.

Sie wurden in zwei Fuhren übergesetzt. Priscilla, Beth, Frau Laneham und Dorcas kamen bei der zweiten an die Reihe, zusammen mit Pastor Laneham, Markus Barland und Seth, die beim Rudern halfen.

Priscilla und Beth flüsterten angstvoll miteinander.

„Ich traue mich nicht, mich zu rühren!"

„Ich wage kaum zu atmen!"

„Goldi darf nicht ein Barthaar bewegen!"

Sie ruderten zuerst flußaufwärts und ließen sich dann von der Strömung zu dem Landeplatz hinabtragen. Der Wind blies schwach aber eisig über den offenen Fluß. Priscilla kletterte erleichtert aus dem Kahn und war froh, als sie die jungen Männer und das Vieh wiedersah.

„Goliath!" sagte sie. „Du hast mir aber gefehlt heute nacht!"

Es war noch früher Morgen, als sie den Fährmann bezahlten und ihm Lebewohl sagten. Die Erwachsenen hofften, daß sie noch am Abend die Siedlung erreichen würden.

„Wie weit mag es noch sein?" fragte jemand.

„Etwa fünfzehn Meilen, höchstens."

„Der Weg ist eben und nicht steinig."

„Dann wollen wir unser Heil versuchen."

Inzwischen hatte der Wind aufgefrischt, und es begann gleichmäßig zu schneien. Priscilla streifte den gestrickten Kopfschützer über und band sich den Pelzumhang fest um die Hüfte, damit die Kälte nicht von unten hinaufkriechen konnte. Davor hatte sie sich schon die eingefetteten Wollstrümpfe über die Schuhe gezogen.

Es ging jetzt genau nach Süden. Sie folgten dem Fluß, den sie jetzt zur Linken hatten. Der Wind warf schäumende Wellen auf, und der Fluß schien breiter zu werden. Seine Ufer wurden höher und teilweise felsig.

„Wir sind eben noch 'rübergekommen", sagte Seth.

Später folgten sie einem andern Flußlauf, den Roger Crisp den Agawam oder Hakenfluß nannte.

Der Weg verließ das Ufer, fand zu ihm zurück und verließ es abermals. Es schneite noch immer, und der Schnee blieb liegen. Die Zweige bogen sich unter der weißen Last.

„Mein Vater sagt, keine Schneeflocke sei wie die andere", meinte Lukas Laneham, der zum erstenmal seine Scheu überwunden und sich den Mädchen angeschlossen hatte.

„Sie sehen aber gleich aus", antwortete Priscilla höflich. Eigentlich war ihr nicht nach Unterhaltung zumute.

„Und sie sind alle kalt und naß", jammerte Beth.

„Jede Flocke ist ein Hexagon — das heißt, sie hat sechs Seiten", beharrte Lukas, „und jede hat ihr besonderes Muster. Vater hat mir gezeigt, wie man sie zeichnen muß. Manche sehen aus wie die Zeichnung auf einem Schmetterlingsflügel."

„Wie schön!" sagte Priscilla zähneklappernd. „Wenn wir mal warmen Sand haben zum Hineinmalen, mußt du mir's zeigen."

Lukas gab ihnen etwas von Pierres Milchschokolade, die richtig neue Kraft verlieh. Priscilla war sehr dankbar dafür, denn sie war plötzlich so müde geworden, als wären alle Beschwerden der Reise zusammengekommen. Sie zwang sich vorwärts, indem sie sich vorsagte: „Nun noch fünf Schritte! Fünf Schritte kann jeder machen!" Und dann ging es wieder von vorne los!

Die Männer suchten jetzt von jeder Erhebung aus den Fluß ab.

„Wenn die *Taube* bei der Siedlung vor Anker liegt, müßte man bald die Masten sehen", sagte einer.

Aber sie bekamen nichts anderes zu sehen als das endlose, trostlose Wogen des Flusses.

„Das Eis auf dem Fluß wird mit jeder Stunde dicker", sagte Vater. „Wenn das Schiff Verspätung hat, bleibt es stecken."

„Es sind ja viele vom Sturm aufgehalten worden", sagte Mutter. „Vielleicht haben sie durch Reparaturen Zeit verloren, oder . . ."

„Nur nicht den Mut verlieren!" sagte Vater. „Pierre hätte gewiß etwas gehört, wenn das Schiff untergegangen wäre."

„Ich denke an meinen Bruder Eben-Ezer", seufzte Frau Gridley.

„Ich weiß. Wir alle denken an unsere Freunde auf dem Schiff."

Priscilla hätte beinahe hinzugefügt: „Ich denke an meine Katze, die Queen Bess."

Sie kamen an schäumenden Wasserfällen vorüber und an Stellen, wo sich die starke Strömung an den Steinen brach. Der Schaum schien sich noch im Fallen in Eisstaub zu verwandeln.

Dann wandten sie sich ein wenig nach Westen und verließen den gestampften Pfad, um einen schlechteren einzuschlagen. Sie ließen sich von den Einschnitten an den Bäumen führen, die Mose Gridley sorgfältig untersuchte und als seine eigenen erkannte.

„Die englische Niederlassung liegt ein paar Meilen südlich von hier", sagte Roger Crisp. „Ihr wißt, vor zwei Jahren ist eine kleine Gruppe aus der Kolonie Plymouth mit einem Schiff heraufgefahren und hat sich angesiedelt."

„Ihr Führer ist Kapitän Hollis", sagte Vater, „und sie haben ein fertiges Haus auf dem Schiff mitgebracht — es brauchte bloß aufgestellt zu werden."

„Wenn wir erst eingerichtet sind", sagte Saul, „dann kann ich in ihrer Faktorei alles Nötige einkaufen."

„Da mach dir mal keine Hoffnungen", sagte Markus Barland. „Die wollen mit uns nichts zu tun haben."

„Sie schimpften uns ‚fromme Schurken'", sagte Vater. „Aber vielleicht hat das schwere Leben sie inzwischen vernünftig gemacht. Wir sind Christenmenschen wie sie und haben dieselben Rechte wie sie. Außerdem, zum Streiten gehören zwei!"

Mit der Zeit wurden die Männer, die schon einmal da gewesen waren, immer munterer und zeigten nicht die geringste Ermüdung.

„Jetzt können es nur noch ein paar Meilen sein."

„Ich bin gespannt, in welchem Zustand wir unsere Häuser vorfinden."

„Und ich, ob der Hurrikan etwas davon übriggelassen hat."

Schließlich schlug jemand vor, einige vorausreiten zu lassen. „Sie sollen uns anmelden und schon Feuer machen."

Darauf setzten Aaron Gaylord, Saul und die Brüder Wheelright ihre Gäule in Trab.

Zwei Stunden später, als das lieblose, unangenehme Zwielicht einfiel und Priscilla auf Hektors Rücken beinahe einschlief und nur noch im gleichförmigen Trott der schweren Schritte hin und her schwankte, riefen Roger Crisp und Vater, die vorausgeeilt waren: „Wir sind da!"

Hatte Vaters Stimme nicht wie ein Schluchzen geklungen?

Und nun sahen sie die Häuser: ein großes Doppelhaus und sechs Wohnhäuser, feste, gut gebaute Blockhäuser. Rauch stieg aus einem der aus Steinen und Lehm gebauten Schornsteine, und der Schein eines richtigen Feuers schimmerte durch die Ölpapierscheiben mehrerer Fenster. Auch Ställe und überdachte Hürden schienen vorhanden zu sein. Sie konnten gar nicht alles auf einmal erfassen. Einige der Häuser sahen dunkel und leer aus. Vermutlich gehörten sie den zwanzig Reisegefährten, die sich im Indianerlager von

Musketaquid von ihnen getrennt hatten und zurückgekehrt waren.

Noch nie hatte Priscilla eine solche Freude erlebt wie die von Remember und Gideon Roundtree, die jubelnd auf sie zueilten.

„Wir dachten schon, ihr wäret verlorengegangen!"

„Oder ihr wäret nach Dorchester zurückgekehrt!"

„Und wir dachten, wir müßten ganz allein mit der Wildnis fertig werden!"

„Und die *Taube?*" Das war jetzt die Hauptsorge, besonders für Frau Gridley.

„Wir haben nur Gerüchte gehört", sagte Remember, „sonst nichts. Vielleicht hat sie wegen Ausbesserungsarbeiten ins Dock gemußt, oder sie hat in einer kleinen Bucht vor dem Sturm Schutz gesucht."

„Der Sturm hat viel Unheil angerichtet, zu Land und See."

Priscilla erfuhr, daß das große Doppelhaus für sie und die Crisps bestimmt war.

„Wir haben eine Wand gespart, indem wir zusammenbauten", erklärte Vater. „Und wir wollten sehen, ob wir es dadurch wärmer bekommen auf jeder Seite. Auch das große Stallgebäude ist für uns und außerdem für die Gaylords."

Die Häuser standen nahe beieinander und bildeten ein Viereck, das sie Grünland nannten. Im Augenblick hätte allerdings „Weißland" besser gepaßt! Allenthalben lag der unberührte Schnee zu mächtigen Wehen aufgehäuft wie Dünen an der Küste.

„Wie ist es denn euch ergangen?" Endlich kam auch Mutter zu Wort!

„Wir haben es in Wheelwrights Haus ganz bequem gehabt", erwiderte Gideon, „und wir haben uns zu tüchtigen Köchen entwickelt!"

„Wie steht's mit den Indianern?"

„Wir haben nur ein paar friedliche Neponsets gesehen. Die Pequots könnten aber im Frühling ungemütlich werden."

„Der Hurrikan im August . . ." Die Stimme versagte ihm. „Ihr werdet ja sehen, was er angerichtet hat. Soweit es ging, haben wir alles wieder ausgebessert."

Sie zeigten auf ein Haus, das von einer riesigen Ulme förmlich zerquetscht worden war. Der Baum lag noch darauf, mit den Wurzeln in der Luft.

„Maleachi Upsalls Haus", sagte Mose Gridley und fingerte am Griff seiner Axt. „Morgen wollen wir uns als erstes an den Baum machen."

„Wir haben schon angefangen, ihn zu zerkleinern", sagte Remember, „aber es war einfach zuviel. Dafür haben wir die beschädigten Dächer und Wände der andern Häuser ausgebessert."

Nun standen sie vor ihrem Haus. Remember öffnete die Tür und führte sie hinein.

Das erste, was Priscilla sah, war das Willkommensfeuer in dem steinernen Kamin — einer Feuerstelle mit dicken Holzkloben und einem Hängebalken, an dem bereits die Töpfe baumelten! An den Seiten befanden sich ebenfalls Backöfen, und auf dem Kaminsims brannten die Kerzen in den Leuchtern. Priscilla roch den heimatlichen Duft der Berberitze, den die Kerzen ausströmten — und lief hin, um die Hände um die Flamme zu halten.

Der Boden des Raumes bestand aus gestampfter Erde, die mit Tierfellen bedeckt war. Eine Leiter mit breiten Stufen führte zu einer Falltür — da war also auch ein Speicher. Zwei Betten, gleich denen in Dorchester, waren an die Wand gebaut. Jetzt lagen nur Immergrün-Blätter und Heu darauf, aber im Geist sah sie schon die Federbetten und die sauberen weißen Leintücher, die noch wohlverpackt auf der *Taube* lagerten.

An den Wänden reihten sich Säcke, die anscheinend Getreide und Süßkartoffeln enthielten. In den Ecken lagen Kürbisse und Melonen, und von den Sparren hingen Zwiebeln und Pfeffer an Schnüren herab.

Priscilla fühlte sich mit einem Mal todmüde. Ihre Knie gaben nach, und sie sank neben Samuel zu Boden, der auf dem Schaffell vor dem Feuer lag und schon am Einschlafen war.

„Der Boden ist schmutzig!" sagte Mutter und hob ein Bärenfell auf, um es vor der Tür auszuschütteln. „Als erstes müssen wir hier mal ein gründliches Reinemachen veranstalten."

Aber Vater sagte ernst: „Natürlich ist es schmutzig. Sieh nur, die Wände waren beschädigt und sind ausgebessert worden. Dabei haben die Jungen eben Schmutz und Schnee hereingebracht. Du bist mein bestes Stück", fuhr er fort, „aber als erstes werden wir einmal Gott für unsere Rettung danken!"

Priscilla und Samuel erhoben sich schlaftrunken. Vater versammelte sie eng um sich und sprach das Dankgebet für glückliche Ankunft nach einer Reise, wie es im Allgemeinen Gebetbuch stand. Er begann: „Herr Gott, nachdem es dir gefallen hat, uns sicher durch die Gefahren unseres Weges zu geleiten, wollen wir, deine Knechte, dir Lob und Dank sagen . . ."

Nach dem Amen sagte Vater: „Und als nächstes werden wir essen und schlafen."

November 7

"A lantern to my path"

Ein Licht auf meinem Wege

Priscilla erwachte von einem Kratzen an der Tür und sah, wie Vater gerade Goliath hereinließ. Der Hund schnupperte an ihrem Bett und streckte sich dann am Feuer aus, als hätte er zeitlebens in diesem Haus gewohnt. Sie gähnte genießerisch. Es war herrlich, in einem Bett zu liegen — auch ohne Federbett und Steppdecke. Und wie gemütlich Samuel dort am Kamin lag, noch immer in tiefem Schlaf!

Aber bald trieb die Neugierde die Kinder hinaus. Sie mußten sich doch in der neuen Heimat umsehen! Mit Schaufeln und Spaten, die von der Sommerfahrt zurückgeblieben waren, bahnten die Männer Pfade von Haus zu Haus. Nach einer so engen Wanderkameradschaft empfanden die achtunddreißig „Seelen" — so pflegte Pastor Laneham zu sagen —, wie sehr sie aufeinander angewiesen waren. Mit Remember und Gideon Roundtree waren sie nun vierzig. Man hatte ihr erzählt, wie gut sich die beiden Jungen schon auf der *Mary and John* bewährt hätten, als sie selbst erst sieben Jahre zählte und die beiden dreizehn und fünfzehn. Jetzt waren sie stattliche junge Männer mit einem Devonshire-Teint, wie Mutter eine schöne helle Haut nannte, die anscheinend nie aufsprang oder spröde oder dunkel wurde, und mit rosigen Backen, die sich in der Kälte noch mehr röteten.

Das Doppelhaus stand zwischen den Häusern der Gaylords und der Gridleys. In ihren Pelz gehüllt, ging Priscilla den gebahnten Pfad entlang. Sie besah sich die große Ulme, die auf Upsalls Haus

We are in ~~Matta~~ Mattaneang. Our
house is warm. Yᵉ Pigeon has not come.
We are glad to have a fireplace again.

„Wir sind in Mattaneang. Unser Haus ist warm.

Die *Taube* ist nicht gekommen. Wir sind glücklich, wieder eine
Feuerstelle zu haben."

---

gestürzt war, und war froh, daß das süße dicke Baby nicht drin
gewesen war. Ein anderer riesiger Baum, eine Eiche, war haarscharf
neben Pastor Lanehams Haus niedergefallen. Nun würden die Gridleys und ihre Äxte zu tun bekommen — Feuerholz mehr als genug!
Als sie sich umschaute, sah sie das schöne strohgedeckte Stallgebäude und freute sich für das Vieh. Vater trat heraus und zeigte
ihr und den andern Kindern die „Drei-Käse-hoch-Festung", einen
niedrigen, erst zwei Fuß hohen Wall, der fast ganz unter dem Schnee
verschwand.

„Er ist nicht hoch genug, um die Indianer abzuhalten", sagte er, „aber man kann sich dahinter legen und schießen. Wir wollen ihn fertig bauen, bevor es warm wird."

Bald kam auch Saul hinzu, schwer mit Feuerholz beladen. Er hatte mit den Roundtrees in Wheelwrights Hütte geschlafen.

„Unser Haus ist auch das deine", sagte Matthäus Grant. „Wir können dir zwar im Augenblick nur unsern Boden anbieten und ein Heulager, oder die Scheune, oder . . ."

Sie gingen nach der Nordseite des Hauses, um das Vordach zu besichtigen. Es war solide gebaut und ruhte auf starken Zedernpfosten. „Daraus machen wir einen Wohnraum für dich", sagte Vater.

„Ja, für mich und Samuel", erwiderte Saul. „Aber es gibt noch viel zu tun, ehe wir ans Bauen denken können."

Und wirklich, es gab so viel zu tun, daß die ersten Novembertage wie im Fluge vergingen.

Das gemeinsame Leben stand im Zeichen der Freundschaft und der gegenseitigen Hilfe.

Als Dorcas und Silence Laneham von einer unerklärlichen Halskrankheit befallen wurden, hielten sie alle einen Fasttag, lebten nur von Wasser und Brot und „erniedrigten sich vor dem Herrn", wie der Pastor sagte.

Täglich gingen einige Männer in den Wald, um Kloben herbeizuschaffen, die das Feuer Tag und Nacht in Gang halten sollten. Als der Schnee sich gesetzt hatte, bauten sie Holzschlitten, die mit Pferden oder Ochsen bespannt werden konnten. Die Holzvorräte unter den Vordächern, große Kloben und Knüppelholz, schienen nicht abnehmen zu wollen. „Wenn ein Schneesturm kommt", sagte Saul, „dann können wir nicht weit gehen. Für diesen Fall sparen wir das Holz der umgestürzten Bäume auf."

Bisweilen wagten sich die Mädchen, von ein paar Männern oder

Jungen zu ihrem Schutz begleitet, ein Stück hinaus, um Hickory-
nüsse und Walnüsse für sich und Eicheln für die Kühe und Schweine zu sammeln. Sie brachten auch Tannenzweige und -zapfen mit
und flockige, pergamentartige Birkenrinde. Damit konnte man
schnell ein gutes Feuer machen.

Das Wild wurde seltener. Die Jungen meinten, die Tiere hätten
sich in ihre Höhlen oder tiefer in die Wälder verzogen. Aber Barnabas hatte meistens Glück. So spürte er einmal einen Hirsch auf
und erlegte ihn mit einem Pfeil. Das Fleisch wurde eingesalzen und
zum Einfrieren aufgehängt, um später verteilt zu werden.

Der fünfte Tag nach ihrer Ankunft war ein Sabbat — ein Ruhetag, den sie alle nötig hatten. Da in keinem Haus Platz für alle war
und die Kälte eine Versammlung im Freien verbot, hielt Pastor
Laneham mit der einen Hälfte in seinem Hause die Morgenandacht
und mit der andern bei Roger Crisp einen Nachmittagsgottesdienst.

Am Montag, dem 12. November, schnitten sie eine Kerbe in den
Türpfosten, um Samuels Größe an seinem vierten Geburtstag an-
zumerken. Vater schnitzte noch ein paar Buchstaben ein, SAML.
AETAT. 4, das bedeutete natürlich „Samuel im Alter von vier
Jahren".

In der zweiten Woche ritten Vater, Aaron und Saul über den
verharschten Schnee zur Faktorei der Plymouth-Leute. Sie kamen
in guter Stimmung zurück.

„Die sitzen jetzt nicht mehr auf dem hohen Roß", sagte Aaron.

„Und kein einziges Mal haben sie uns ‚fromme Banditen' genannt", lachte Vater.

„Ich war schon darauf vorbereitet —" Aaron ballte die Fäuste.

„Fäuste sind manchmal ganz gut", sagte Vater, „aber erst muß
man's im Guten versuchen, damit dem Zorn die Luft ausgeht."

Die Plymouth-Leute verkauften ihnen keinen Frischproviant, soviel Geld sie auch boten. Es war immer dieselbe Geschichte: der Hurrikan! Aber sie verkauften ihnen andere Dinge, die sie auf Lager

hatten: Kaffee, Tee aus dem Osten, der ein bißchen muffig roch, Schießpulver, Nägel, Rosinen, Essig, etwas ungebleichtes Leinen und ein paar Stockfische — an der Sonne getrocknete Kabeljaus, an denen man sich die Zähne ausbeißen konnte. Auch Walöl für die Laternen hatten sie erhalten, einige Talgkerzen, einen Wurstspieß und für Priscillas Mutter einen runden Zuber aus Zinn sowie fünf ungefüge Becher aus Steingut. Mutter meinte: „Es ist sauberer, wenn jedes seinen eigenen Becher hat. Diesen kleinen Luxus können wir uns schon erlauben."

Priscilla fand, daß sich die Becher auf dem Kaminsims ganz schön ausnahmen neben den Leuchtern aus Hartzinn und ihren Holztellern und Löffeln. Auch der Zuber war schön, aber vorerst war nicht genug Wasser da zum Waschen und Baden. Zum Trinken behalfen sie sich mit aufgetautem Schnee oder Eis von der Quelle oder holten etwas Wasser aus dem Ziehbrunnen, der im Sommer gegraben worden war.

Schon vom ersten Tag an hielten der Pastor und Priscillas Eltern Schule mit den Kindern. In den Familien, oder alle zusammen in Pastor Lanehams Haus, lernten sie, was sich ohne Bücher lernen läßt: die Maßeinheiten, die Namen der biblischen Bücher, das Einmaleins, etwas Grammatik und die Namen der englischen Herrscher mit den Jahreszahlen.

Die größeren Kinder unterrichteten die kleineren. Priscilla nahm mit den kleinen Jungen das „Hornbuch" vor, mit dem sie sich auf der *Mary and John* abgemüht hatte. Dieses Hornbuch, das Mutter mitgenommen hatte, war eigentlich überhaupt kein Buch, sondern ein einzelner Bogen Papier mit einem dünnen Blatt von durchsichtigem Horn darüber, ähnlich den Hornscheiben ihrer Laternen. Beides war auf einem Eichenholzbrettchen befestigt, das man an einem Griff festhalten konnte. In dem Griff war ein Loch mit einer Schnur, an der das Kind das Ganze um den Hals tragen konnte. Auf dem Papier waren die großen und kleinen Buchstaben von A bis Z aufgezeichnet und einige Wortgruppen. Priscilla erinnerte sich noch, mit welcher Geduld Mutter mit ihrer Stricknadel auf die einzelnen Buchstaben gezeigt hatte. Natürlich konnte sie mit sieben Jahren schon große Wörter von sechs oder sieben Buchstaben entziffern! Auf dem Horn war eine rauhe Stelle, da war eines Tages die Nadel ausgerutscht, als eine große Woge gegen das Schiff schlug. Samuel lernte bald, Wörter wie Hund und Katze zu buchstabieren und in Blockschrift den Satz zu malen: GOTT IST LIEBE.

We study every day. I hear Luke
say his Latin. I know that Canis bonus
means "good dog." Mater and Pater mean
"Mother and Father."
  I am teaching Samuel his horn book.

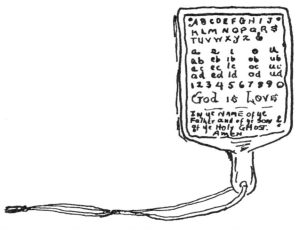

„Wir lernen alle Tage. Ich höre zu, wie Lukas sein Latein aufsagt. Ich weiß, daß *Canis bonus* der gute Hund heißt. *Mater* und *Pater* heißt Mutter und Vater. Ich lehre Samuel das Hornbuch."

Immer wieder kam die Rede auf die Zukunft.

„Wir müssen den Wall fertigstellen."

„Wir müssen ein Gemeindehaus bauen."

„Ich würde gern aus eigenen Mitteln eine Wassermühle bauen", sagte der Pastor. „Das ewige Kornmahlen mit Mörser und Stößel ist zu mühsam für die Frauen."

Oft sprachen sie auch von einer bürgerlichen Regierung neben dem Kirchenregiment, und gebrauchten dabei Worte, die Priscilla nicht verstand. „Unsere Kolonie Connecticut soll die Wiege eines Staatswesens werden, das auf freier Zustimmung der Regierten beruht", war Vaters ständige Redensart, bei der seine Stimme immer gerührt klang.

Auch von der Vergangenheit sprachen sie, und darüber, warum sie England verlassen hatten. König, Parlament — diese Worte bekam sie oft zu hören. Man redete über König Karl, der den Thron bestiegen hatte, als sie noch ein kleines Kind war, und der dachte, sein Wort gelte soviel wie Gottes Wort und er könne ohne Parlament regieren. Vater sagte oft: „Keines sterblichen Menschen Wort gilt wie Gottes Wort, und das Parlament ist das Volk, und Volkes Stimme gilt mehr als Königs Stimme."

Markus Barland meinte sogar: „Es kann zum Krieg kommen zwischen König und Volk, dann werden Englands Felder sich von Bruderblut röten." Sie dachte an die Geschichte von Kain und Abel, und es schauderte sie.

Oft und liebevoll sprachen sie von einem Geistlichen, dem Reverend John White im alten Dorchester, von seinem Verständnis für die Armen und die Arbeitslosen und wie stark er an den Auswanderungsplänen beteiligt gewesen war.

Noch öfter sprachen sie vom Gottesdienst, besonders am Sabbat, wenn die Männer mehr Zeit hatten. Priscilla wußte, daß Vater und seine Freunde es ablehnten, sich irgendwie zu einem bestimmten Gottesdienst zwingen zu lassen.

172

„Wir wollen nicht gezwungen werden, einen Altar zu haben!" sagte Roger Crisp immer wieder.

„Oder Lichter bei Tage", sagte Markus Barland.

„Sie nennen uns Abtrünnige", sagte Vater. „Wir sind aber nur insofern abtrünnig, als wir die Kirche von der Sünde abtrennen wollen. Und Puritaner sind wir nur insofern, als wir die Kirche von ihrer Verderbnis reinigen wollen. ‚Purus' heißt ‚rein'!"

„Ja", sagte Roger Crisp, „wir meinen es nur gut mit der Kirche unserer Väter und mit unserm König."

Priscilla konnte nicht alles verstehen, was da geredet wurde, aber es lag etwas Bezwingendes in den leidenschaftlichen Worten.

Und immer wieder betonten sie, wie sehr sie ihre Bibel brauchten! Priscilla fragte sich, warum nicht jedermann seine Bibel haben sollte. Sie hörte es so gern, wenn Vater vorlas: „Dein Wort ist ein Licht auf meinem Wege", und sie hatte sich diesen Vers für ihr Stickmuster ausgesucht.

Sie lauschte auch gern der Witwe Gaylord, wenn sie von ihrem Garten sprach, der aus der guten, jetzt noch schneebedeckten Erde emporblühen würde. Hier würden Schleifenblumen stehen, da Ringelblumen und dort Nelken und wilde Stiefmütterchen. Und dort würde anderes hinkommen, woran ihr Herz hing: Der Taubenschlag, ein Bienenhaus, eine Sonnenuhr.

December 17
"Behold and remember"

Bewahret es in euren Herzen

Mit den Mühseligkeiten der Reise verglichen, verliefen die Novembertage geradezu vergnüglich. Oft, wenn das Wetter sie im
Haus festhielt, saßen die vier Mädchen bei ihrer Kreuzsticharbeit
und hörten dem Geplauder der Frauen zu.

Der 16. November — Priscilla wußte das Datum, weil es in der
Hausbibel eingetragen stand — war der Hochzeitstag ihrer Eltern.
Als sie es Deliverance und Witwe Gaylord erzählte, buken diese
aus dem letzten Weizenmehl und dem letzten weißen Zucker einen
kleinen Kuchen, und dann tranken sie alle zusammen Tee.

Sie erzählten von der Trauung, ein für Priscilla immer wieder
erregendes Thema. Sie hatte in einer Kirche stattgefunden, und es
hatten Lichter gebrannt! Das war vor der Zeit, da die Puritaner die
kirchliche Trauung aufgaben und nur eine bürgerliche Eheschlie-
ßung vor der Behörde gelten lassen wollten. Sie kannte Mutters
Brautkleid. Es war blau mit einer Samtschleife am Hals. Dazu gehörte ein kleiner blauer Samtumhang mit Kapuze. Sie kannte auch
das kleine Haus, in das das Brautpaar einzog, denn dieses Haus
war ja sieben Jahre lang ihr Heim gewesen. „Wir hatten einen
Kamin!" sagte sie oft voller Stolz, „und der Boden war gedielt, so
daß ihn Mutter mit Sand bestreuen und gut reinhalten konnte . . .
Und auf den sauberen Beeten hatte Vater Stiefmütterchen und
Goldlack gezogen."

Priscilla und ihre Mutter sprachen oft davon, was Vater alles
konnte — und wie gut! Er konnte Kräutertränke brauen, die das

Fieber vertrieben, und ein gebrochenes Bein einrichten, daß es wieder gerade wurde. Er wußte, wann man die Schafe am besten schor, um die meiste Wolle zu bekommen, wann und wo der Fischfang den größten Erfolg versprach und wie man Mais anbaute, um den besten Ertrag zu haben. Er wußte, wann man Steckrüben pflanzte, wo die dicksten Nüsse zu finden waren und wie man die festesten Schornsteine baute. Er verstand einen Webstuhl zu reparieren, ein wildes Fohlen zu zähmen, Bier zu brauen und die erstaunlichsten Geschichten aus der Zeit der Königin Elisabeth zu erzählen — auch Geschichten von Hexen und Feen, die früher sehr beliebt waren, bevor das Volk anfing, sich über Religion den Kopf zu zerbrechen.

Als junger Bursch war Vater sogar einmal in London gewesen und hatte in dem Globe-Theater ein Stück gesehen, das ,Hamlet' hieß. Da war des Staunens kein Ende gewesen! Als Michael Allen einmal über die Verderbtheit der Theaterstücke zeterte, hatte Vater ganz freundlich gefragt: „Hast du mal eins gesehen, mein Lieber? Es gibt gute Stücke und schlechte Stücke, ebenso wie es gute Menschen und schlechte Menschen gibt."

In der zweiten Dezemberwoche merkte Priscilla, daß es mit den Eßvorräten nicht zum besten stand. Vierzig Personen aßen schon eine Menge, besonders wenn einige von ihnen Tag für Tag Holz zu spalten hatten! Es war viel, was Gideon und Remember für sie aufgehoben hatten, aber eben nicht genug. Was unter der Erde gewachsen war, hatte kaum unter dem Hurrikan gelitten, wie Yamswurzeln und Rüben, Zwiebeln und Erdnüsse. Die Roundtrees hatten sich in der Faktorei Weinessig beschaffen können und Gurken und Kohl in Steinguttöpfe eingelegt.

Als die Vorräte spürbar nachließen, sagte Mutter eines Tages, es war Mitte Dezember: „Wir wollen immer eine Wochenration für uns und Saul in Reserve halten." Und so geschah es, obwohl sie an manchen Tagen nur eine Mahlzeit halten konnten, die meist aus Maisbrei oder groben Maiskuchen bestand.

Als sie einige von den Schweinen schlachteten, stopfte sich Priscilla die Ohren zu, und als die Reihe an eins der drei Schafe kam, weinte sie. Das Fell wurde ungeschoren gegerbt und ergab ein warmes Polster für den Baumstumpf, den Vater als Stuhl aufgestellt hatte. Bisweilen streichelte Priscilla das Fell und dachte an das gute Schaf, das sie so geliebt hatte.

Von der *Taube* hörten sie nichts mehr.

Nach Dorchester zurückzukehren, mitten im Winter, wäre Wahnsinn gewesen. Sie konnten nur den Gürtel enger schnallen, beten und ausharren.

Trotz alledem erübrigten sie etwas für die Wildfütterung, und eines Tages fand Vater ein braunes Kaninchen, das zitternd vor der Tür im Schnee saß. Das Tierchen machte es sich am Feuer bequem wie eine Katze und zog sogar in mutiger Ahnungslosigkeit die Nase hoch, als Goliath herankam und es beschnupperte. Der Feuerschein schimmerte durch die langen Ohren hindurch. So ähnlich mußte es mit den bunten Kirchenfenstern in England sein, von denen Priscilla gehört und die sie nie zu sehen bekommen hatte.

A rabbit has come to live with us. He has pink ears.

Priscilla schrieb in ihr Tagebuch: „Ein Kaninchen ist gekommen und lebt bei uns. Es hat rosa Ohren."

Einmal brachte Vater einen jungen Hirsch mit heim, den er hilflos und verängstigt, mit gebrochenem Bein gefunden hatte. Die Eltern machten ihm ein Heulager, redeten ihm gut zu und streichelten ihm die Ohren. Dann richtete Vater das Bein ein und schiente es. Als der Hirsch ein bißchen herumhinken konnte, ließen sie ihn hinaus. Aber er kam alle Tage wieder, um sich die dürftigen Brokken zu holen, die sie ihm vor die Tür legten. Auch Wasser wollte er haben. Vater erinnerte immer daran, daß die Tiere nichts zu trinken finden, wenn alle Teiche und Bäche zugefroren sind. Möglicherweise müßte er später eins dieser Tiere töten und davon essen, sagte er, aber nie würde er es von seiner Tür weisen.

Schlimme Tage hoben an. Zwar hatten sie gelernt, daß man sogar Eicheln kochen und essen kann, und es gab fast immer etwas Wild, aber es reichte nie zum Sattwerden.

Priscilla bemerkte, daß Mutters breiter goldener Ehering nicht mehr fest am Finger saß. Mutter hatte ihr oft die schöne Inschrift auf der Innenseite gezeigt. Sie lautete:

> Liebe bind euch beide
> bis der Tod euch scheide.

Schließlich zog Mutter einen Bindfaden durch den Ring, legte den Faden um den Hals und trug den Ring unter dem Mieder.

„Es ist schade, daß du deinen Ring nicht tragen kannst, Mutter", sagte Priscilla.

„Was macht das", erwiderte Mutter mit einem liebevollen Lächeln, „was macht das, wo ich ihn trage, da uns der Tod noch nicht geschieden hat?"

Am 17. Dezember erlebten sie einen großen Schrecken und machten zugleich eine Erfahrung, die ihnen unvergeßlich blieb. Es war am Vorabend des Sabbat.

Um Mitternacht klopfte Roger Crisp an die Tür und sagte ganz ruhig: „Siehe, der Tag des Gerichts ist erschienen. Die Himmel zerschmelzen in Feuergluten!"

Vater antwortete ebenso ruhig: „Was Gott uns schickt, können wir tragen. Wir sind zu seinem Dienst bestellt."

Da kam Pastor Laneham eilends herein, in eine Decke gehüllt. „Keine Angst, ihr Lieben!" rief er. „Es besteht keine Gefahr. Es ist ein Nordlicht, die *aurora borealis!*"

Die Glut breitete sich wie ein großes Feuer von Osten nach Westen aus, flammte und wogte vor einem dunklen Wolkenhintergrund, rosa und feuerfarben und dann blutrot und in tiefem Purpur. Die roten Wogen verebbten bald, aber die Glut hielt an, und ein blaugolden schimmernder Bogen blieb zurück, bis vor der Dämmerung der ganze Himmelsrand noch einmal von den feurigen Wogen gerötet wurde.

„Die Himmel erzählen die Ehre Gottes", sagte Vater. „Bewahret es in euren Herzen!"

20 Dec. 1635

Every day y⁰ snow gets deeper.
Luke says every flake is different.
We like to watch animals tracks
in y⁰ snow.

„Der Schnee wird alle Tage tiefer. Lukas sagt, jede Flocke ist anders. Die Spuren von den Tieren im Schnee machen uns viel Spaß."

"December 21
Like a Bible Miracle"

Wie ein biblisches Wunder

Am 21. Dezember hatte es eine ganze Woche lang ununterbrochen geschneit. Die Schneewehen reichten bis zu den Fenstern hinauf, und die ausgeschaufelten Pfade waren stellenweise so tief eingeschnitten, daß Priscilla Samuels Köpfchen nicht mehr sah, wenn ihr Bruder draußen herumlief. Am Nachmittag ging ein dichter Hagelschauer in Form von scharfen Eisnadeln nieder, die alsbald die weiße Landschaft mit einer körnigen Kruste überzogen. Für eine halbe Stunde kam die Sonne heraus, und jeder Ast und jedes Zweiglein glitzerten im Schmuck der spröden Eiskristalle.

Um diese Zeit kamen die Familienoberhäupter in Roger Crisps Haus zusammen. Roger lag auf einer Strohschütte mit seiner öl-getränkten Decke über den Knien, zu beiden Seiten die wärmenden Steine. Er war außerstande gewesen, draußen zu arbeiten, aber Preserved hatte mit seinen zehn Jahren beinahe Mannesarbeit geleistet, und die andern hatten ihm geholfen.

Vater hatte Priscilla mitgenommen. „Sie ist alt genug, um diese Besprechung mit anzuhören, die auch sie angeht", hatte er gemeint. „In der Wildnis reifen die Kinder schneller."

„Wir werden alle Tage schwächer, so kümmerlich ist das Essen", sagte Aaron Gaylord, der seine Familie vertrat.

„Noch sind wir am Leben", mahnte Pastor Laneham, „obwohl meine Dorcas und auch Silence schon dem Tod nahe waren."

„Wir haben Tiere schlachten müssen, die wir wie Schoßkinder geliebt haben", wandte Aaron ein.

„Ich habe ein Schaf geschlachtet, die ‚Liebe'", sagte Vater. „Aber wir haben noch ‚Glaube' und ‚Hoffnung'."

Das sollte ganz gewiß kein Scherz sein!

„Unsere Kühe und Pferde sind klapperdürr geworden und erfrieren uns beinahe", fügte Markus Barland niedergeschlagen hinzu.

Schließlich sagte Pastor Laneham: „Laßt uns noch einen Tag warten, ehe wir einen Entschluß fassen — wenn es überhaupt etwas zu beschließen gibt. Was uns stets bleibt, ist das Gebet."

Und dann, als der Tag sich neigte, schien sich ein biblisches Wunder zu begeben. Während alle — selbst Roger Crisp — stehend zuhörten, wie der Pastor um Schutz in den Nöten und Gefahren der Nacht betete, hörte Priscilla, wie sich Goliath von ihrer Seite erhob. Er sprang zur Tür, ließ ein tiefes Knurren vernehmen und brach dann unvermittelt in ein wildes Freudengeheul aus. Zugleich erklang draußen eine Stimme, die sie nicht sofort erkannte, aber ein Gefühl sagte ihr, daß sie nur Gutes zu bedeuten hatte. Die unverständlichen Rufe wurden zu Worten, ein kräftiges Pochen an der Tür vermischte sich mit dem Amen des Gebetes, und dann hörte sie deutlich: „Roter Hirsch — Freund!"

Hatte er nicht versprochen: „Ihr mich brauchen? Ich kommen." Wie hätten sie das je vergessen können!

Sie rissen die Tür auf, und Roter Hirsch auf Schneeschuhen glitt — fiel — stürzte herein. Hinter ihm kam Blauer Blitz. Goliath sprang an seinem roten Freund hoch und schoß dann in wilden Kreisen durch die Stube, wobei er alles in seiner Ausgelassenheit über den Haufen rannte.

Roter Hirsch ging sofort auf Matthäus Grant zu und sah ihn fragend an: „Du wohl? Deine Squaw?"

„Ja, gottlob, aber wir sind sehr dünn geworden und dem Verhungern nahe."

„Ich kommen, bringen Nachrichten", und dann, als fiele es ihm jetzt erst ein, „bringen auch Essen."

Er ging hinaus und schleppte das Gepäck herein, das sie vor der Tür abgelegt hatten. „Für alle!" sagte er und wies auf einen ledernen Sack mit Maismehl. Ein zweiter Sack enthielt enthülsten Mais — „für Dafdaisy und Goodblood"! Priscilla erinnerte sich mit Vergnügen daran, wie Roter Hirsch die englischen Namen durcheinanderzubringen pflegte.

Auch eine Speckseite hatte er mitgebracht — Bärenspeck! — und eine Schweineschulter. Das gefrorene Fleisch kam gleich in einen Kessel zum Auftauen, und Frau Crisp schüttete etwas von dem Mehl in einen Wassertopf auf dem Herd. Preserved Crisp und Aaron Gaylord liefen hinaus, um die große Neuigkeit zu verbreiten. Endlich würden sie sich wieder einmal satt essen können!

„Und was hast du für Nachrichten, mein Freund?" fragte Vater.

Roter Hirsch erwiderte langsam und mit großem Ernst: „Wir vor drei Wochen, bevor Frost kommen, über Fluß gegangen nach Süden. Wir lagern. Ich Späher aussenden. Sie euer Schiff sehen."

„Wo denn? Wo denn?" rief Frau Gridley, die in diesem Augenblick eingetreten war.

„Dreißig Meilen oder mehr nach Süden. Gefroren. Fluß tief und breit. Schiff kann nicht weiter."

„Woher wißt ihr, daß es unser Schiff ist?"

„Die *Taube*, hat sie vorne große weiße Vogel?"

„Ja freilich, die Bugfigur."

„Sie ist das Sinnbild der Erlösung", sagte Pastor Laneham. „Das heißt, es ist natürlich eine Taube."

„Was meinst du mit ‚gefroren'? Kann man vom Ufer hinübergehen?"

„Eis manchmal in große Stücken. Sie schwimmen und drehen." Er zeigte mit der Hand, wie das aussah. „Ihr nicht hinüber können."

„Stimmt", sagte Mose Gridley. „Es braucht kein festes Eis, um ein Schiff festzuhalten."

„Aber wenn man drübergehen will, muß es fest sein!"

„Was meinst du nun, Roter Hirsch?" Roger Crisp sprach jetzt für alle.

„Ihr hier verhungern?" fragte der Indianer. „Ihr ver-zwei-feln?"

„Ja, wenigstens sind wir nahe daran."

„Große tüchtige Männer und Jungen hinuntergehen an Ufer, vielleicht Schneeschuhe. Ich mitgehen. Blauer Blitz auch mitgehen. Vielleicht wir kriegen Schiff näher — oder sie kommen näher zu uns."

„Und was wird aus denen, die nicht mit können?"

„Wenn wir kommen zu Schiff, wir Essen mitbringen — genug für eine Zeit", sagte er. „Nehmen Ochsen für Gepäck. Pferde stürzen, brechen Bein. Engländer dann sagen: ‚Schade'. Wenn Ochsen fallen und brechen Bein, wir durchschneiden Kehle, kochen und essen."

Priscilla lief es kalt über den Rücken. Er hatte von ihren Freunden gesprochen, von Hektor und Ajax!

„Ihr können machen fünfzehn Meilen ein Tag?" fragte der Indianer. „Höhlen von mein Volk an Biegung von Fluß. Ihr dort bleiben."

Inzwischen hatten sich weitere Freunde in Crisps Haus eingefunden.

Es war allen klar, daß das Wetter nicht besser zu werden versprach.

„Nicht gehen in Hagel oder Regen", sagte Blauer Blitz, der immer seine Zeit brauchte, bis er warm wurde.

„Dann also gleich", meinte Matthäus Grant. „Je eher, desto besser."

Aber wer sollte außerdem noch mit? Darüber mußte jede Familie für sich entscheiden. Alle würden tun, was dem allgemeinen Wohl am besten diente.

„Ich begleite meinen Mann", sagte Mutter. „Samuel muß daheim bleiben. Priscilla mag selbst entscheiden."

„Ich mache mit", sagte Priscilla. „Und Goliath auch!"

Von den Gaylords wollte sich niemand ausschließen. Sie konnten alle schon noch was aushalten. Genauso war es mit den Gridleys. Und obendrein wollten sich die Familien nicht gern trennen.

„Für dich wäre es der Tod, alter Freund", sagte Vater zu Roger Crisp. „Gavin und Matthäus müssen dableiben. Und Grace ist zu zart. Ihr könntet meinen Jungen zu euch nehmen. Deine Frau wird hier sowieso benötigt."

„Aber ich will mitgehen und einen Ochsen führen", sagte Preserved. „Ich bring' euch auch was zu essen mit!"

„Mein Sohn ist mit zehn Jahren schon ein Mann", sagte sein Vater stolz.

„Darf ich auch mit?" fragte Hopestill.

„Geh mit und kümmere dich um deinen Bruder", sagte Frau Crisp. Die Lanehams mit ihren kranken Kindern wollten dableiben und den andern, die zurückblieben, zur Hand gehen. Saul Needham sagte: „Ich gehe mit. Die Ruhe hier bringt mich um!"

Auch die Wheelwrights wollten mit, aber die Brüder Roundtree würden dableiben. Priscilla wußte, daß sie sich um Trueblood und Daffodil und die Schafe kümmern würden.

„Keiner soll annehmen, wir hielten ihn für einen Drückeberger", sagte Matthäus Grant. „Die Stellung halten, kann schlimmer sein als marschieren."

Sie würden in aller Frühe aufbrechen müssen, doch bis zum nächsten Morgen konnten sie schwerlich marschbereit sein, und der nächstfolgende Tag war Sabbat. Priscilla hörte zu, wie sie das Für und Wider erörterten. Es war klar, daß sie nur höchst ungern an dem heiligen Tag unterwegs sein würden. Aber Roter Hirsch hatte gemahnt: „Jetzt gehen oder gar nicht, Schnee gut und fest." Mutter hatte ihr dazu erklärt: „Er meint, jetzt ließe es sich noch gut marschieren. Wir brauchen nicht durch Matsch zu waten oder im Schlamm zu versinken."

Pastor Laneham löste das Problem für sie: „Der treusorgende

This is Ajax

Hector

Daffodil

Daisy

Herrgott, der sich soviel Mühe gemacht hat, als er uns schuf, will bestimmt, daß wir leben. Ihr könnt diese Fahrt zu einer heiligen Handlung machen".

„Dessen bin ich nicht sicher", erwiderte Markus Barland. „Aber ich tu es meiner Familie zuliebe."

„Dann marschieren wir also am Sabbatmorgen los", sagte Vater, „falls es bis dahin nicht regnet."

Die Vorbereitungen wurden mit größter Umsicht getroffen und ohne die Fröhlichkeit, mit der sie im Oktober in Dorchester ans Werk gegangen waren. Die fünf kräftigsten Ochsen wurden ausgesucht, darunter Hektor und Ajax. Zu der dürftigen Marschverpflegung für zwei Tage — und einer zusätzlichen Ration — kam noch das Fleisch, das die Indianer mitgebracht hatten. Wer Schneeschuhe hatte, mußte sie nachsehen und in Ordnung bringen. Auch wurden alle verfügbaren Laternen fertiggemacht und wieder einmal Felle und Decken für die Nacht eingepackt.

Am Morgen nahmen sie kurzen Abschied. Mutter wickelte Samuel in seine Decke, und Vater nahm ihn wie einen Säugling auf den Arm, um ihn zu Roger Crisp zu bringen. Samuel hielt Priscillas Hand fest, als sie vorbeikam, und sie sah Tränen in seinen Augen. Auch sie war dem Weinen nahe. Seit Samuel auf der Welt war, hatten die vier sich noch nie getrennt!

Priscilla aß, soviel sie konnte, von dem heißen Maisbrei mit ausgelassenem Bärenspeck. Dann zog sie die Überkleider an, obwohl sie den strengen Geruch der eingefetteten Wolle gar nicht mochte, die sich überdies so schmutzig anfühlte. Sie bemühte sich, ihre Schuhe so fest zu schnüren, daß sie gut anlagen und keine Blasen verursachten.

Die lose gefalteten Decken wurden den Ochsen auf den Rücken gelegt, und darüber kamen zusammengelegte Segeltuchplanen, die sie vielleicht für ein Notdach benötigten.

Sie boten einen seltsamen Anblick in dem dämmrigen Morgen-

186

licht. Roter Hirsch und sein Bruder trugen merkwürdige Röcke, die ihr bei der eiligen Begrüßung gar nicht aufgefallen waren. Sie kamen ihr vor wie lauter Muster von verschiedenen Kleintierfellen, die aneinandergenäht waren. Sie entdeckte Felle von Wildkatzen, Waschbären, vom Nerz, Biber und Eichhörnchen. Dem Häuptling hing eine Schaffellkapuze im Nacken, die er noch nicht über sein langes, straffes Haar gezogen hatte, das ebenso wie sein Gesicht frisch eingefettet war.

Priscilla fiel auf, wie fröhlich Beths rosa Kopfschützer wirkte und wie rot Aaron Gridleys Bart war. Ihr wurde bänglich zumute, als sie feststellte, daß nur fünf „Mütter" dabei waren. Aber jede hatte gewiß einen Arzneivorrat wie Branntwein, Universalmittel und Gänsefett bei sich.

Fromme Schurken

Sie brachen noch vor Tagesanbruch auf, denn der Weg war in der Schneehelle und im Mondlicht deutlich zu erkennen.

Die Brüder Wheelwright baten, als bewährte Schrittmacher mit den Indianern vorangehen zu dürfen. „Wir wollen möglichst alle vier nebeneinander gehen", erklärte Benjamin. „Wir laufen auf Schneeschuhen, dann könnt ihr leicht unsern Spuren folgen."

„Aber denkt daran", warnte sein Bruder, „daß keiner naß werden darf, am wenigsten an den Füßen. Das gibt dann erfrorene Zehen."

„Wir lassen Zeichen", sagte Roter Hirsch.

Silas zog einige rote Wollschnüre aus der Tasche. „Ein Stock im Schnee mit einer Schnur daran bedeutet Vorsicht!"

Sie waren voll ruhiger Zuversicht. Die vier Mädchen machten zunächst keine Anstalten, miteinander zu gehen, sondern jede hielt sich zu ihrer Familie. Hopestill und Preserved Crisp gingen mit Deliverance, die sich der beiden besonders annehmen wollte.

„Daffodil fehlt mir", sagte Priscilla, „und die arme kleine Daisy."

„Im Wald wird Daisy nicht umkommen", tröstete Jonathan.

„Grace Crisp will Goldi füttern", sagte Beth. „Sie ist jetzt zu groß fürs Tragkörbchen."

Die kurze Strecke bis zum Fluß war ihnen schon bekannt. Hier bogen sie scharf nach Süden ab, um möglichst in der Nähe des Flusses zu bleiben.

„Ich glaube, wenn die *Taube* erst einmal in Sicht kommt", sagte

188

Vater, „dann wird uns die Mannschaft schon irgendwie erreichen oder wir sie. Aber vor morgen abend können wir nicht dort sein."

Priscilla ging neben Hektor her, der schwerer beladen war als der andere Ochse. Sie hielt den um seinen Hals geschlungenen Lederriemen locker in der Hand, denselben Riemen, den ihr Giles Harrington damals in Dorchester geschenkt hatte. Wie lange war das schon her!

Sie sagte zu Seth: „Wenn ich in einen Sumpf falle, binde ich mir den Riemen um die Schultern, und du sorgst dafür, daß Hektor mich 'rauszieht."

„Gerne", sagte er. „Aber bitte, Priscilla, mach jetzt keine Witze." Selbst Seth war in dieser Zeit ernst geworden.

Meistens schritten sie schweigend ihres Weges, und doch ging ihnen manchmal der Atem aus. Der Schnee unter ihren Füßen war ganz gut, aber sie kamen doch nicht so schnell und sicher vorwärts wie sonst.

Seit die starke Kälte eingebrochen war, hatten sie den Fluß nicht mehr zu sehen bekommen. Vater hatte ihnen erklärt, daß ein fließendes Gewässer auf ganz besondere Weise zufriert. Infolge der Wirbel würde das Eis nicht gleichmäßig fest wie auf den Teichen in Dorchester, wo sie so gerne Schlittschuh gelaufen waren.

Jetzt sah Priscilla, wie das gemeint war. Der Fluß war mit großen Eisschollen bedeckt, die in der Sonne bläulichgrün glitzerten und sich mit einem schabenden Geräusch aneinander rieben. Es war kein sehr ermutigender Anblick!

„Die Dinger können ein Boot in Stücke zermahlen und auch einen Menschen", sagte Seth.

Manchmal waren die Eisschollen kleiner, und es sah aus, als wären sie mit Schnee gefüllt. Dann wieder glaubte man einen Teich mit fester Eisdecke vor sich zu sehen. Priscilla konnte aus der Nähe die gerippten Muster erkennen, die die Wellen auf die Oberfläche gezeichnet hatten. Streckenweise war überhaupt kein Eis zu sehen,

189

an dem man den Flußlauf hätte erkennen können, sondern nur unberührter Schnee, der zu einer Schlittenfahrt einzuladen schien.

„Diese glatte Oberfläche ist am allergefährlichsten", sagte Vater. „Das Eis darunter kann weich sein oder auch geborsten."

Es war ein klarer Tag, der Himmel tiefblau und wolkenlos. Noch war kaum etwas von schmelzendem Eis zu bemerken. Meistens standen auf der linken Seite des Weges weder Bäume noch Sträucher. Nur ein paar dürre Stecken hoben sich von dem Schneefeld ab, Gekritzel auf einem weißen Blatt, sinnlose Bilderschrift, die niemand entziffern konnte.

Zur Rechten lag bisweilen kahles, offenes Land mit sanfter, scholliger Schneefläche. „Das sind die fruchtbaren Pocconocks, die Maisfelder der Indianer", erklärte Markus Barland. „Sie gehören dem Stamm von Roter Hirsch."

Soweit der Wald nicht gerodet war, reichte er fast bis zum Flußufer. Jeder Ast trug ein funkelndes Eiskleid, und jede Nadel schien mit Silber überzogen. Die Stämme der Goldbirken schimmerten in fahlem Gelb durch die Eiskruste, die sie wie ein Panzer umgab. Die Weißbirken nahmen sich vor den schwarzen Zedern wie Geistererscheinungen aus. Die Schierlingstannen trugen ganze Schnüre von Eiszapfen, die von einigen der riesigen Äste vier Fuß lang herabhingen. An diesen Stellen war große Vorsicht geboten, denn ein herabfallender Eiszapfen konnte ebenso schnell den Tod bringen wie ein Speer.

Priscilla staunte über die Umsicht, mit der sie geführt wurden. Zweimal bemerkte sie eine Stelle, wo jemand längelang gestürzt war und beim Herausarbeiten einen tiefen Trichter hinterlassen hatte. Später stießen sie auf einen Stock mit einer kleinen roten Flagge. Als Vater diese Stelle mit seinem Stab untersuchte, erklärte er: „Da liegt unter dem Schnee ein Tümpel, der nicht zugefroren ist."

Die Spuren, denen sie folgten, gaben Priscilla neue Zuversicht.

Ihr fiel ein, was Pastor Laneham über die Israeliten in der Wüste vorgelesen hatte, die Geschichte mit der Wolkensäule bei Tag und der Feuersäule bei Nacht. Diese Trittspuren im Schnee wirkten weniger geheimnisvoll und noch beruhigender!

Als die Mädchen das erste Gefühl des Ungewohnten überwunden hatten und durch die Anstrengung warm geworden waren, fanden sich die Barland-Zwillinge und Beth wieder bei Priscilla ein.

„Ist es nicht einsam hier?" fragte Beth, und ihre Stimme zitterte ein bißchen.

„Ja, schon", gab Priscilla zu, „obwohl wir alle beisammen sind. Die Welt kommt einem ganz groß und weit vor."

„Und was man hier an Spuren sieht!" sagte Seth. „Tierfährten meine ich."

„Aber die Bären halten doch wohl ihren Winterschlaf."

„Hoffentlich gibt es hier keine Vielfraße!"

„Die Hirsche sind jetzt tief im Wald."

„Seht ihr dort die Kaninchenspuren?" fragte Barnabas.

Priscilla erkannte die Fährten wieder; sie sahen fast so aus, als stammten sie von einem winzigen Menschenfuß.

„Die tiefen Eindrücke vorn kommen von den Hinterfüßen. Hast du das gewußt?" Barnabas war mit den Gewohnheiten der Tiere gut vertraut. „Das Kaninchen schnellt beim Aufsprung von der Erde hoch, dann greifen seine Vorderläufe aus und landen knapp hinter der neuen Spur der Hinterläufe."

Nun erkannten sie noch weitere Fährten. Fein und zart waren die der Eichhörnchen. Die zwei vorderen wirkten wie Abdrücke einer Kinderhand mit verkürztem kleinem Finger, die hinteren ebenso, nur etwas kleiner. Sie bemerkten auch die einfachen Spuren der Krähen und die verschlungenen netzartigen Spuren, die ein Volk Wachteln bei der Körnersuche hinterlassen hatte.

„Wir müssen in der Nähe der holländischen Niederlassung sein", sagte Aaron. „Haben wir nicht schon gut sechs Meilen hinter uns?"

191

„Nach dem Sonnenstand, ja", erwiderte Vater.

„Ist das die Faktorei ‚Zur Guten Hoffnung'?" fragte Witwe Gaylord.

„Ja", anwortete Matthäus Grant, „aber zu hoffen ist da gar nichts. Denen paßt es durchaus nicht, wenn wir kommen."

„Sie haben mich mit kühler Höflichkeit abgefertigt, als ich sie vor vier Wochen besuchte", sagte Saul. „Aber ich versuch's noch einmal."

„In dieser unermeßlichen Weite muß es doch genügend Platz für alle geben", meinte Mutter nachdenklich.

„Wir wollen uns erniedrigen und einen Versuch machen", sagte Vater, „obwohl unsere vier Vorreiter uns gebeten haben, keinen langen Halt zu machen."

Und es gab auch keinen langen Halt!

Die holländische Faktorei mit dem wunderschönen Namen erwies sich als ein großes Blockhaus mit einer kleinen Hütte und einem daneben liegenden Stall. Priscilla, in der das Wort Faktorei Erinne= rungen an Pierre Bonhomme und Félice erweckten, war arg ent= täuscht, als sie eines rotgesichtigen Holländers in Lederjacke und grünen Kniehosen ansichtig wurde, der sie mit einem Stirnrunzeln begrüßte. Ein paar andere Männer saßen an einem Tisch und tran= ken. Sie blieben sitzen und starrten sie nur gleichgültig an.

Als sie vor der offenen Tür standen, sagte Vater: „Wir sind Siedler von Dorchester. Wir sind in Not und bitten um euern Beistand. Wir möchten etwas kaufen."

„So, ihr gehört zu den frommen Schurken!" legte der Holländer los, und sein Gesicht wurde noch röter. „Ihr nehmt uns unser Land weg! Für euch hab' ich nichts."

„Wir nehmen niemand sein Land weg", sagte Vater gelassen und legte Saul Needham mahnend die Hand auf den Arm. „Wir besitzen unser Land kraft der Rechte, die König Jakob I. dem Rat von Neu-England in dem Gesetz von 1620 verliehen hat."

„Wir bitten auch nicht um Almosen", fügte Saul hinzu. „Wenn Ihr uns etwas verkauft, dann macht Preise wie bei euerm Feind." Und er hielt ihm einige Goldmünzen hin.

In diesem Augenblick trat geräuschvoll eine rundliche, rotbäckige Frau ein, gefolgt von drei kleinen Mädchen, die ihre verjüngten Ebenbilder waren. Ein dicker Junge kam hinterdrein. Wie blitzsauber und gesund sie alle aussahen!

„Kommt 'rein", sagte die Mutter in befehlendem Ton. „Ihr laßt bloß die Kälte ins Haus."

Etwas freundlicher fügte sie hinzu: „Es schadet doch nichts, Mynheer, wenn wir ihnen ein heißes Getränk verkaufen! Apfelwein ist genug da." Dann faßte sie Witwe Gaylord am Arm: „Tretet ein, Madame."

„Wir können's uns nicht leisten, gleichzeitig stolz zu sein und zu frieren", sagte Vater. „Also bleiben wir eine Weile."

„Wir haben nicht genug Bänke für alle", sagte die Frau, „aber die Kinder können sich auf die Felle setzen."

„Sie meint uns", sagte Priscilla, als sie sich mit ihren drei Freundinnen vor dem Kamin niedersinken ließ.

Die holländischen Kinder sahen voll Neugierde zu, als die Ankömmlinge ihre Kopfschützer abstreiften und ihre Umhänge abwarfen.

„Der Alte ist ein Grobian", flüsterte Beth.

Sie tranken heißen Apfelwein aus Bechern, und jeder bekam einen Streifen harten Ingwerkuchen.

„Ihr seht, wir haben nicht viel anzubieten", sagte die Holländerin. „Der Hurrikan . . ."

„Ja", brummte der Mann, „ich habe nur wenig Korn, Heu und Fleisch, und meine Stammkunden . . ."

Sie blieben nur eine knappe halbe Stunde. Inzwischen hatte Saul, der seines Vaters kaufmännisches Talent geerbt hatte, tat-

193

sächlich einen Handel abgeschlossen und zwei starke Seile gekauft, dazu zwei Pfund Speck, einen Laib Ingwerbrot, einen Scheffel enthülsten Mais und zwei Schachteln mit rötlichen, wie mit Reif überzogenen länglichen Klümpchen, die er Pfefferminzen nannte.

Als sie wieder draußen waren, rief Priscilla: „Was haben die Holländer für schlechte Manieren!"

„Mein Kind", sagte Vater, „es ist unvernünftig, vom Benehmen eines Menschen auf das ganze Volk zu schließen."

Die Sonne war schon vor mehr als einer Stunde dem westlichen Himmelsrand zugewandert, als ihnen der Geruch von Rauch in die Nasen stieg, und nach kurzer Zeit stießen sie auf ein Lagerfeuer, das der Vortrupp entfacht hatte.

Ganze Ladungen von Zweigen hatte man auf das gelb flackernde Feuer geworfen, unter dem sich schon eine Lage von Holzkohle gebildet hatte. An einigen Stöcken, die nach der Art der Tipis oben zusammengebunden waren, hing ein Kessel mit schmelzendem Schnee. „Für Ochsen", erklärte Roter Hirsch.

Da sie keinen Trog hatten, gruben Roter Hirsch und Silas ein Loch in den Schnee und gossen das kochende Wasser hinein. Dabei schmolz noch mehr Schnee, und die Ochsen konnten ihren Durst löschen, bevor es wieder gefror. Seth warf ihnen auch etwas Salz hin zum Auflecken und brach dann das Eis über einem Tümpel auf, damit auch Goliath etwas zu trinken hatte.

Zum richtigen Kochen reichte die Zeit nicht, aber die Mutter der Zwillinge bereitete starken Tee aus Schneewasser. Priscilla trank ihren Tee aus ihrem Holzteller und fühlte, wie ihr dabei die Wärme bis in die behandschuhten Hände rann. Seth brachte ihr ein Stück Maiskuchen, das er zusammen mit einem Salzfisch am Feuer geröstet hatte. Sogar den rauchgeschwärzten, verbrannten Rand ließ sie sich schmecken!

„Haben wir jetzt die Hälfte bis zum ersten Lager geschafft, Roter Hirsch?" fragten sie.

„Reichlich Hälfte", sagte er. „Aber bald dunkel."

Die vier Führer gönnten sich nur einen hastigen Imbiß und packten dann den Kessel ein.

„Auf Schneeschuhen kommen wir schneller voran", meinte Silas. „Wir wollen vorausgehen und das Lager vorbereiten, bis ihr kommt."

„Mir geht es zu langsam", sagte Saul, „und Schneeschuhe hab' ich auch. Wenn niemand was dagegen hat, geh' ich mit voraus."

„Ihr nachkommen in Viertelstunde", befahl Roter Hirsch im Ton eines Generals und setzte sich in Bewegung. Die andern konnten seinen weit ausholenden, gleitenden Schritten kaum folgen.

„Zweimal hat er uns das Leben gerettet", sagte Frau Barland bewundernd.

Während der kurzen Rast sprach Mose Gridley aus, was auch Priscilla schon bei sich gedacht hatte: „Heute ist Sabbat, und wir haben noch nicht einmal einen Psalm gesungen!"

„Preserved, kannst du Psalmen dirigieren wie dein Vater?" fragte Markus Barland.

„Einen kann ich, Sir." Und Preserved stimmte mit seiner Knabenstimme an: „Der Herr ist mein Hirte . . ."

Na, dachte Priscilla, ganz richtig singen wir nicht, aber sie schwieg, um Preserved nicht zu kränken. Und wo war die „grüne Aue?" Nichts als Eis- und Schneefelder!

Als die Mädchen nachher wieder miteinander marschierten, sagte Constance: „Wenn wir Pferde hätten, könnten wir hier gut entlang reiten. Der Weg ist so eben —"

Sprach's, rutschte aus und segelte die Böschung hinunter. Beim Versuch, sie festzuhalten, fiel David Gridley längelang hin, und Aaron Gridley mußte beide am Kragen packen und wieder auf die Beine stellen.

„Jetzt aber Vorsicht!" sagte er. „Wir sind auf den Klippen. Ihr könnt euch Hals und Beine brechen."

Er half Priscilla auf Hektors Rücken. Die Zwillinge kletterten auf Ajax und auf Barlands Ochsen, der Ziehfest hieß. Beth ritt den Ochsen ihres Vaters, den sie Prinz getauft hatte, weil er so vornehm aussah.

Deliverance, die sich den Fuß verstaucht hatte, humpelte so mühsam daher, daß Vater ihr zuredete, auf den fünften Ochsen zu steigen, ein dürres, aber zuverlässiges Tier namens Rauhbein.

„Wenn wir uns jetzt den Schnee als Sand vorstellen und die Ochsen als Kamele, wären wir eine Karawane in der Wüste." Priscillas Phantasie war wieder einmal mit ihr durchgegangen.

Aber alle ihre Phantasie half hier nichts — der leblose, kalte Schnee wollte sich nicht in heißen Wüstensand verwandeln. Priscilla reichte Vater ihren Stock und grub die freien Hände tief in das Bärenfell, das man dem Ochsen aufgelegt hatte. Sie konnte ihr Reittier ganz gut durch den Druck ihrer Knie und Füße lenken. Es ging nur langsam vorwärts. Die Ochsen wollten nicht schneller ausschreiten, aber sie schienen nie zu ermüden und nie die Geduld zu verlieren.

Ihr selbst ging freilich manchmal die Geduld aus! Sie dachte an das ruhige, behagliche Leben in Devon, von dem ihre Eltern immer erzählten, und an das warme Nest in Dorchester. Freilich, es ging um ein „Prinzip", wie sich Vater oft ausdrückte. Sie hatte die langen Auseinandersetzungen darüber nur halb verstanden und dachte, sie hätten sich wenigstens wärmeres Wetter für ihren Prinzipienkampf aussuchen können!

Mit der Zeit wurde es ihr zu kalt beim Reiten. Sie ließ sich von dem Ochsen heruntergleiten, stampfte mit den Füßen und schwenkte die Arme, bis sie wieder warm wurden. Eine Weile schob sie die rechte Hand unter Seths Arm und spürte dabei, wie müde und abgespannt der Junge war.

Der Pfad, den die fünf Männer ausgetreten hatten, lief meistens dicht am Ufer entlang. Bisweilen ging es über Felsklippen, die fünfzig Fuß über dem Fluß aufragten. Dann wieder fiel die Böschung fast unmerklich ab bis dorthin, wo einmal eine Wasserfläche gewesen war. Obwohl sie entsetzlich froren, waren die Mädchen begeistert von den mannigfachen Farben des Eises.

„Manchmal ist es blau, und manchmal rein weiß, oder grünlich, oder sogar gelb", meinte Beth.

Ab und zu zog sich eine große Zickzacklinie darüber wie von einem Blitz gezeichnet, und mehr als einmal liefen lange grade Spalten von einem Loch aus strahlenförmig auseinander.

Ein kalter Nordwind kam auf.

„Seid froh und dankbar, daß er nicht übers Eis bläst", sagte Aaron. „Dann wäre es noch kälter."

„Kälter geht's gar nicht", sagte Preserved zähneklappernd.

Priscilla wurde sich plötzlich bewußt, daß Preserved ja erst zehn Jahre alt war — zwei Jahre jünger als sie! Und er hielt sich wie ein Mann!

„Reite eine Weile auf Hektor, Preserved, mir zuliebe", sagte sie. „Du mußt die Hände tief in das Bärenfell stecken."

„Es ist jetzt nicht mehr weit", trösteten sie einander.

Endlich kamen die Lagerfeuer in Sicht, die in der Finsternis wie riesenhafte Blumen glühten. Barnabas und Jonathan liefen mit großem Geschrei voraus.

Das Lager, das der Stamm des Häuptlings verlassen hatte, bestand lediglich aus drei weiten Höhlen oberhalb eines Steilufers, zu denen auch eine kleine schwarze Hütte gehörte.

In dieser Hütte fanden sie einen alten Indianer auf einem Lager von Fellen ausgestreckt. Er gehörte zur Sippe des Häuptlings und wurde von einem jüngeren Mann gepflegt, der das Feuer in Gang hielt, aber offenbar nichts weiter für ihn tun konnte. Der Alte war zurückgeblieben, weil er nicht mehr gehfähig war.

„Du noch warten", sagte Roter Hirsch von der Tür her. „Wir später für dich sorgen."

Und wie gut hatte Roter Hirsch für sie selbst gesorgt! Die Höhlen lagen dicht nebeneinander und — sie waren trocken. Saul entzündete eine Fackel und sah sich in jeder Höhle um.

„Hier brauchen wir keine Bären zu vertreiben", verkündete er.

„Hier Höhle für Frauen und Mädchen", sagte Roter Hirsch mit dem vornehmen Anstand des Gastgebers.

„Hier für Ochsen", erklärte Blauer Blitz, als die Tiere nach dem Eingang getrieben wurden.

„Einige von uns müssen bei den Ochsen übernachten", meinte Silas Wheelwright, „einige in der andern Höhle, und ein paar müssen draußen Wache halten und das Feuer schüren."

„Das machen wir reihum", sagte Vater.

„Ehe wir essen", sagte Mutter, „will ich mir den Kranken ansehen. Komm mit, Priscilla."

Mutter schlug dem Indianer das Hemd zurück und befühlte die Stelle, an der er Schmerzen hatte.

„Ja, der Bauch ist gespannt", sagte sie. „Er braucht einfach ein mildes Abführmittel."

Priscilla holte die Arznei und sah zu, wie ihre Mutter dem Kranken einen Löffel mit einem zähen dunklen Saft in den Mund schob.

„Jetzt husten!" sagte sie.

Der Indianer gehorchte. „Wie ich mir's dachte", rief sie. „Es rasselt und pfeift darin wie in einer Windmühle. Da hilft nur warmes Gänsefett."

Sie rieb ihm die Brust damit ein, legte ein warmes Tuch darüber und ließ ihn heißen Apfelwein trinken. Er stieß ein dankbares Grunzen aus und sank gleich darauf in einen ruhigen Schlaf.

„Jetzt können wir essen", sagte sie und wischte sich die Hände mit nassem Heu ab. Priscilla staunte wieder einmal über Mutters Tüchtigkeit.

Die Indianer hatten zwei Kaninchen erlegt und ausgenommen. Das Fleisch briet schon in schwimmendem Fett, Fett von dem Bärenspeck, den Saul gekauft hatte. Zwar würde für jeden nur ein kleines Stück abfallen, aber das genügte, um den Bohnenbrei, den sie mitgenommen hatten, schmackhafter zu machen. Barlands hatten Yamswurzeln dabei, die schon geröstet waren und nur noch in der Aschenglut aufgewärmt zu werden brauchten. Als Priscilla eine bekam, fand sie das warme Gefühl an ihren kalten Händen so herrlich, daß sie sich kaum entschließen konnte, sie zu essen. Aber dann kratzte sie doch den letzten Rest der gelben Köstlichkeit aus der Schale.

Ehe sie vor dem Schlafengehen auseinandergingen, las Vater aus seiner Bibel vor, und dann standen sie alle auf und sprachen das Vaterunser. Wie zuversichtlich hallten ihre Stimmen hinaus in die dunkle Öde!

Da sie das Segeltuch nicht als Schutzdach brauchten, breiteten sie es als Unterlage auf dem Boden aus. Mit dem Bärenfell und der Wolldecke und mit Goliath an der Seite, fühlte sich Priscilla kein bißchen unbehaglich in diesem Schlupfwinkel. Segeltuch und Bärenfell rochen zwar nach Ochse, aber es war ein vertrauter Duft, der nichts Erschreckendes hatte. Schließlich drückte sie ihren schmerzenden Rücken an Goliaths hartes Rückgrat und schlief ein.

December 24
"Forward Goliath"

Vorwärts, Goliath!

Roter Hirsch weckte sie in aller Frühe. Draußen war es wärmer geworden. Sie wußten, daß ihnen ein harter Tag bevorstand, und sahen ihm voll Mut und Vertrauen entgegen.

Vor dem Frühstück ging Mutter mit Priscilla nochmals zu dem kranken Indianer. Auch Roter Hirsch kam mit. Der Kranke saß, in seine Decke gehüllt, aufrecht auf seinem Lager und schaute ganz zufrieden drein.

„Der liebe Gott hat uns die Heilkräuter gegeben", sagte Mutter. „Nehmt noch etwas davon ein und bleibt noch einen Tag liegen."

Nachher erklärte Roter Hirsch den Reiseweg: „Wir folgen Bogen von Fluß. Länger — aber wir verirren, wenn über Felder. Ich euch zeigen." Er nahm einen Stock und zeichnete eine kleine Landkarte in den Schnee. „Etwa zwei Meilen Süd Fluß biegt nach Sonnenaufgang. Er geht dann fünf Meilen, dann wieder biegt." Er zeichnete eine krumme Linie ein. „Bei erste Biegung liegt Matabasett, halbwegs zwischen Hollandsiedlung und Englischsiedlung an Flußmündung. Manche nennen Ort Middletown."

„Ist die Gegend bewohnt?" fragte Markus Barland.

„Teil von Algonkin-Stamm, unter Häuptling Schweinshaupt", erwiderte der Indianer. „Sie kommen, machen Hütten, machen Mais auf den Pocconocks. Dann gehen."

„Könnt Ihr uns zeigen, wo unser Schiff zuletzt gesichtet wurde?" fragte Frau Gridley und beugte sich über die Karte.

„Fünf Meilen von zweiter Flußbiegung", sagte er und zeigte auf die Stelle. „Platz heißen Higganumpus — Fischwasser. Wir dort im Sommer fischen."

Blauer Blitz brach sein übliches Schweigen: „Die *Taube* in Eis unterhalb Higganumpus." Er wandte sich nach Süden. „Wir zu lange warten. Ihr kommen! Wir sehen *Taube*, wenn dunkel."

„Hört denn die ewige Lauferei gar nicht mehr auf?" seufzte Beth. „Ich möchte mal irgendwo bleiben und es sauber haben und etwas lernen."

„So geht's uns allen", sagte Constance. „Ich hoffe bloß, daß wir das nächstemal im Sommer losziehen, wenn's durchaus sein muß."

„Für Hopestill und Preserved ist es noch schlimmer als für uns", erinnerte Priscilla. „Die haben nicht mal ihre Eltern dabei."

„Da! Seht ihr die Algonkin-Hütten?" rief Mose Gridley, als sie sich der Stelle näherten, die Roter Hirsch Matabasett genannt hatte.

„Sie sehen aus wie schwarze runde Tintenkleckse auf einem weißen Blatt", fand Beth.

Wo der Fluß nach links abbog, war das Ufer bewaldet und bot einen lieblichen Anblick, obwohl die Bäume nur eisüberkrustete Äste trugen. Mehrere Pfade durchschnitten die Böschung und führten zum Ufer hinab. Priscilla versuchte sich vorzustellen, wie die Indianer hier im Frühling zusammenkamen, um die großen Alsenschwärme abzufangen, wenn die Fische zur Laichzeit den Fluß hinaufwanderten. Roter Hirsch hatte versichert, der Große Alsen-Geist leite sie von Neufundland her über tausend Meilen weit südwärts. Nach Vaters Ansicht bedeutete dieser heringsartige Fisch für Connecticut dasselbe wie der Kabeljau für Massachusetts.

„Die Alse hat ein dämliches Gesicht", sagte Seth, „mit ihrer aufgestülpten Oberlippe, den 'runtergezogenen Mundwinkeln und den großen Glotzaugen." Er schnitt ein Gesicht.

Priscilla lachte. „Jetzt siehst du genauso aus, Seth. Doch mit unsern dummen Späßen werden wir auch nicht wärmer."

„Es sind ja bloß noch ungefähr zehn Meilen", sagte er. „Lach nur wieder, Priscilla, sonst siehst *du* wie eine Alse aus!"

Das Wetter war irgendwie schwerer zu ertragen als am Vortag, obwohl es wärmer geworden war, wie Vater versicherte. Er fürchtete sogar, daß es zum Regnen kommen könnte.

Es war naßkalt, und eben diese feuchte Kälte ging ihnen durch und durch. „Die Luft ist so drückend", sagte Priscilla zu Beth. „Ich schwitze, und zugleich friere ich scheußlich an Händen und Füßen."

Sie folgten jetzt der zweiten Flußwindung und behielten dann die südliche Richtung bei. Es war noch gut zwei Stunden bis zum Mittag.

Priscilla kletterte wieder auf Hektors Rücken und vergrub ihre Hände in dem Bärenfell. Ab und zu streichelte sie dem Tier die Ohren und versuchte mit ihm zu reden wie Samuel, aber sie fand nicht die rechten Worte. Sie klammerte sich mit den Beinen an Hektors Leib und spürte, wie seine Körperwärme ihren schmerzenden Knien wohl tat. Sie war fast am Einschlummern und schwankte schläfrig hin und her. Woran dachte sie wohl? Ach ja — an das Gemeindehaus in Dorchester. Vater hatte Bärenfelle an die harten Holzbänke genagelt. Mutter und sie hatten die Felle über ihr Knie gelegt. Für die Füße war auch ein Fell vorhanden. Sie fühlte, wie ihre Lider schwer wurden, was ihr wider Willen manchmal am Sabbat passierte. Ihr Kopf sank vornüber.

Aber schon war Vater zur Stelle: „Aufwachen, Priscilla! Beweg deine Füße! Bei Kälte gilt das Gesetz: ,Geh nie schlafen ohne ein Feuer und einen Wächter.' Du würdest erfrieren."

Aber sie wäre ohnehin aufgewacht — von den ersten Tropfen eines Sprühregens! Des Regens, den sie so fürchteten.

Ein Wind blies von Süden her, anfangs gelind, dann mit solcher Macht, daß sie alle Kräfte aufbieten mußten, um überhaupt vorwärts zu kommen. Was würden sie tun, wenn die Schneemassen so aufweichten, daß sie nicht mehr marschieren konnten? Priscilla stellte überrascht fest, daß es beinahe warm war. Dabei troffen ihre Kleider vor Nässe! Sie sah, wie Vaters Schultern zusammenfielen und Mose Gridley den Kopf sinken ließ.

Ich hab mal von jemand sagen hören, ihm sei das Herz in die Hosen gerutscht, dachte Priscilla, jetzt versteh ich, was das heißt.

Dann stürzte ein derartiger Platzregen herunter, daß sie einander kaum noch erkennen konnten.

Aber Vater wußte Rat: „Alles dicht zusammenrücken!" rief er. „Jeder paßt auf den Vordermann auf! An Rasten ist nicht zu denken und an Umkehren auch nicht. Eßt schnell einen Bissen, und dann geht's weiter."

Priscilla holte ein Stück von dem holländischen Ingwerkuchen hervor, das sie sich aufgespart hatte.

Goliath begann leise zu winseln, und sein Schweif, den er sonst so stolz trug wie einen Federbusch, hing naß und traurig herunter. „Armer Goliath! An dich hab ich gar nicht mehr gedacht! Bist du auch am Verhungern?"

Ein paar Schritte lang ging sie langsamer, um ihm den halben Kuchen zu geben. Er hob sich auf die Hinterfüße, und sie hielt einen Augenblick an, um ihm den Kopf zu streicheln.

Dabei geriet sie ans Ende des Zuges. Sie kam sich in der grauen Regenflut unsagbar verlassen vor. Aber Goliath war ja da! Sie gab ihm noch die Hälfte des restlichen Kuchens, schnallte den Lederriemen ab, den sie immer am Gürtel trug, verknotete das eine Ende an dem Hundehalsband und band sich das andere ums Handgelenk.

„Vorwärts, Goliath!" befahl sie — aber ihr Anruf verhallte dünn und klanglos im rauschenden Regen.

Nun ist es vorbei mit uns, dachte sie trübsinnig, aber sie war so todmüde, daß es ihr nicht mehr viel ausmachte.

„Wir zwei wollen zusammen sterben, Goliath", sagte sie und wunderte sich über ihre Ruhe. Dann verwirrten sich ihre Sinne.

Der Hund zerrte an der Leine und suchte sie mit Gewalt vorwärts zu ziehen. Unter den Regenschleiern verwandelte sich der Zug in einen ungewissen Schatten, der schließlich ineinander verschwamm. Auch die tiefen Spuren, die er im Schnee hinterlassen hatte, konnte Priscilla nicht mehr erkennen. Und sie wußte, daß es zwecklos war zu rufen.

Da faßten sie zwei starke Arme, und sie erkannte Henoch Gridleys roten Schopf und Davids besorgtes Gesicht.

„Beth vermißte dich", sagte David einfach. „Du konntest über die Steilfelsen in den Fluß gefallen sein."

„Wir wollen ein Körbchen machen", sagte Henoch und ließ den Hund von der Leine.

Jeder faßte mit festem Griff sein linkes Handgelenk und das rechte des anderen, dann bückten sie sich. Priscilla setzte sich auf die verschlungenen Hände und legte die Arme um die Schultern ihrer Retter.

„Bloß bis wir sie eingeholt haben", sagte sie schwach. Aber es vergingen zehn Minuten, ehe sie sie wieder absetzten.

Innerhalb einer Stunde hatte der pausenlos niederströmende Regen den Schnee in einen einzigen schmutzigen Schlammbrei verwandelt, und es war ein schwacher Trost für Priscilla zu denken: Wenigstens sitzen meine Schuhe fest!

Von ihren Beinen konnte sie das kaum sagen — bei jedem Schritt hatte sie das Gefühl, daß sie ihr aus den Hüftgelenken gerissen würden.

Es war nie abzusehen, wie tief der Schnee war, man konnte nur genau in die Stapfen treten, die die fünf Führer hinterlassen hatten. Sie hatten offensichtlich die Schneeschuhe abgelegt, als der Regen einsetzte. Aber die kleinen roten Warnzeichen waren nicht mehr zu erwarten — selbst wenn sie sie hätten sehen können. Jetzt war es überall gefährlich! Manchmal ging es eine Anhöhe hinauf, wo fast kein Schnee mehr lag. Dann wieder mußten sie sich durch kniehohe Wehen kämpfen und versuchen, den noch höheren aus dem

Wege zu gehen. Einmal versank Goliath so tief im Schlamm, daß sie Seth bat, ihn auf Ajax's Rücken zu setzen und eine Weile reiten zu lassen.

Dann hörte sie, wie Mutter, die sich schwer gegen Vaters Arm lehnte, laut stöhnte: „Hat Gott uns denn ganz verlassen?" Gleich kam Vaters tröstende Antwort: „Meine Liebe, Gott weiß immer, was er tut."

Es ging noch immer den wildzerklüfteten Klippenhang oberhalb der Fischgründe bei Higganumpus entlang. Die Luft schien sich von Minute zu Minute zu erwärmen. Priscilla nahm die Kapuze ab, und es gelang ihr, den eingefetteten Kopfschützer abzustreifen. Der Regen fiel kühl und erfrischend auf ihre Wangen.

Als es vier Uhr nachmittags war und sie noch immer durch den Regen stapften, entfuhr Markus Barland ein lauter Ruf der Enttäuschung: „Ja aber — das ist doch die Stelle, die Roter Hirsch beschrieben hat! Und keine *Taube* ist zu sehen und kein Indianer! Was meint ihr, hat er etwa . . .?"

„Ruhig, mein Lieber", sagte Mose Gridley. „In diesem Augenblick ist es wirklich nicht angebracht, an falsches Spiel zu denken!"

„Es wäre eher angebracht, Glaubenskraft zu zeigen", sagte Vater leise.

Die Klippen verschwanden allmählich, und nach einer halben Stunde führte der Weg ganz nahe am Fluß entlang, fast in Höhe des Wasserspiegels.

Dann nahm das einförmige Grau vor ihnen eine rosige Färbung an, und sie erblickten die Lagerfeuer. Keine Sorge — Roter Hirsch und Saul waren imstande, sogar in dieser Wasserwüste ein Feuer zu unterhalten! Der Schein kam offenbar von einer kleinen Anhöhe, auf der sich mehrere überhängende Felsen erhoben. Wo käme man auch hin, wenn es keine Höhlen und Felsen gäbe, überlegte Priscilla. Sie sind fast so nützlich wie die Tiere, die uns Nahrung und Wärme geben, und wie die Bäume, die uns ihr Holz liefern!

Nun schöpften sie neue Hoffnung. „Man stirbt nicht, solang man ein Feuer hat", sagte Witwe Gaylord, die sich auf Aaron stützte.

Priscilla war es, die das Schiff zuerst sah, als sie über die dunkle Wasserfläche blickten.

„Die *Taube!*" schrie sie.

„Die *Taube!*" riefen auch die andern in freudigem Erstaunen und strebten mit erneuten Kräften den Feuern zu.

Das Schiff konnte keine dreißig Fuß vom Ufer entfernt sein. Es lag vor dem flachen Strand, genau gegenüber den Wachtfeuern auf den überhängenden Klippen. Wie gut die Indianer alles bedacht hatten!

„Seht, es liegt mehr nach unserer Seite hin als nach drüben!" jubelte Aaron Gaylord.

„Es bewegt sich", rief Barnabas.

„Es schaukelt hin und her!"

„Die Segel hängen schlaff herunter!"

„Aber gefroren scheinen sie nicht zu sein."

„Da, in der Kabine ist Licht!"

„Vielleicht ist das Rauch aus . . ."

„Es sieht aus wie ein runder Schornstein!"

„Ich kann's nicht erkennen, aber jedenfalls ist Leben auf dem Schiff!"

Christmas Eve
"The Pigeon"

Die „Taube"

Als sie die Klippen erreichten, sanken sie tief erleichtert bei den Feuern zu Boden. Dieser Tag der Mühsal war überstanden! Endlich ein paar Fuß trockener Boden und ein Obdach!

Ja, man könnte sich im Notfall sogar tiefer in die Böschung eingraben, dachte Priscilla, die inzwischen einen Blick für diese Dinge bekommen hatte.

Zugleich sah sie, daß man schon am Kochen war. Saul und Blauer Blitz stapelten noch mehr Holz auf. Bald würden sie etwas zu essen bekommen! Das Leben fing an, wieder erträglich zu werden. Und sie dachte: Wir haben wieder einmal beendet, was wir begonnen haben.

Oder nicht?

Roter Hirsch schien ungewöhnlich heiter, und sein sonst meist unbewegtes Gesicht strahlte.

„Sehen dort!" rief er und zeigte irgendwohin.

„Was sehen, Roter Hirsch?" fragte Vater. „Wir sind müde und hungrig und haben jetzt keine Lust, Rätsel zu lösen."

„Kein Rätsel, Sir", sagte Roter Hirsch nachdrücklich. „Regen schmelzen Schnee. Machen Eis weich, Kahn kann vielleicht 'rankommen."

Er meinte natürlich das große Ruderboot, das an der Seite des Schiffes aufgehängt war.

„Seht nur, wie die *Taube* sich im Wind dreht", sagte Saul. „Sie sitzt nicht mehr im Eis fest."

„In einer Stunde dunkel", sagte Roter Hirsch. „Nicht gut zu versuchen bei Nacht."

„Dann müssen wir lagern", meinte Mutter. „Jetzt, wo wir ein Feuer und zu essen haben, läßt es sich ertragen."

„Und wo wir Hoffnung haben", setzte Witwe Gaylord hinzu. Es tat Priscilla weh, wieviel Erschöpfung in der sonst so heiteren Stimme lag.

„Kleinen Imbiß. Schnell essen", riet Roter Hirsch. „Wenn sie uns sehen, sie versuchen vielleicht am Abend 'rüberzukommen. Seht, Wind läßt nach."

Das stimmte, aber es regnete unaufhaltsam weiter. Und dieser Regen, den sie so verabscheut hatten, war nun ihre Rettung — wenigstens ihre Hoffnung.

„Wie können wir die Mannschaft auf uns aufmerksam machen, ehe es Tag wird?" fragte Mose Gridley.

„Große Feuer, große Schein!" Und Blauer Blitz warf alles erreichbare Holz in die Flammen.

Die Kinder liefen hinaus, um trockenes Reisholz, Fichtenzapfen und Gestrüpp zu suchen, das von Regen und Schnee verschont geblieben war, und bald duftete es angenehm würzig nach glühenden Fichtennadeln, nach Tanne und Zeder.

„Wieviel Gewehre?" Dem Häuptling kam ein Gedanke.

„Ich habe meine treue alte Büchse dabei", sagte Matthäus Grant. „Sie wird wohl trocken genug sein zum Schießen. Und noch drei andere sind da."

„Ihr in Reihe stellen und schießen. Einer nach dem andern. Dann alle brüllen: ‚Hallo, hallo!' Wir versuchen!"

„Seth, Joseph, David", sagte Vater, „zielt in die Luft, über das Schiff weg!"

„Wenn sie nun aber denken, wir sind Räuber, die auf sie schießen?" fragte David besorgt. „Das können wir nicht brauchen!"

Aber Vater zählte: „Eins, zwei, drei" — und drückte auf den

Abzug. Ein Knall zerriß die Stille, gefolgt von widerhallendem Donner, den die Felswände einander zuwarfen.

Dann ein zweiter — ein dritter — ein letzter! Und zwanzig Stimmen schrien: „Hallo! Hallo!"

Das Schiff blieb stumm.

„Nochmal!" sagte Vater finster.

Als das letzte Echo der acht Schüsse verhallt war, sahen ihre übermüdeten Augen, wie sich langsam eine Luke in der Kabine öffnete. Ein Mann wurde sichtbar, der mit offenkundigem Mißtrauen in den Regen hinausspähte. Und plötzlich standen fünf Männer auf dem schwankenden Deck, und fünf Gewehre richteten sich auf die Reisenden.

„Hallo! Wer da?" ertönte eine barsche Stimme.

Vater hielt die hohlen Hände wie ein Sprachrohr an den Mund und rief: „Matthäus Grant und seine Freunde aus Dorchester."

Die Männer ließen ihre Gewehre sinken. Man merkte, wie überrascht und aufgeregt sie waren. In dem Licht hinter der Luke war ein krummer Rücken zu erkennen, und Frau Gridley rief: „Eben-Ezer Enright! Deine Schwester! Deine Schwester Eliza!"

Der Bucklige streckte beide Arme aus, als wollte er sie über das Wasser hinweg umarmen.

Anscheinend hatte die Mannschaft beschlossen, es mit dem Boot zu versuchen. Es war ein solides Fahrzeug, tief und breit wie ein Einbaum, und konnte zur Not sechzehn Personen fassen.

Die Wächter am Ufer sahen, wie die fünf Männer es aufs Wasser hinabließen, in dem aufweichende Eisschollen schwammen und auf das noch immer der Regen herunterprasselte.

„Pat Hennessy und Ben Capen sitzen an den Riemen", sagte Vater. „Wenn überhaupt, dann schaffen es die beiden."

Die Dunkelheit nahm zu, aber das Licht auf dem Schiff, die Flammen der Lagerfeuer und einige Walöl-Laternen ließen erkennen, was vor sich ging.

Sie kamen nur langsam voran und mußten mit ihren Riemen das Eis wegschieben, ehe sie wieder ein paar Schläge machen konnten. Und dann waren sie nahe genug, um die Hände auszustrecken und die der Freunde zu drücken.

Ben Capen mahnte zur Vorsicht: „Immer langsam! Nicht zu viele auf einmal!"

Pat Hennessys vergnügte Stimme tönte durch den Regen: „Der Himmel sei gepriesen! Wir dachten schon, ihr wäret nach Dorchester zurückgegangen!"

„Die erste Fahrt wird schwierig sein," meinte Capen. „Laßt nur ein paar Männer und Jungen einsteigen."

Die Frauen und Mädchen mußten vorerst am Ufer bleiben, zusammen mit den Indianern und den Brüdern Wheelwright. Sie sahen zu, wie das Boot sich durch das nun besser befahrbare Wasser arbeitete. Vater und Aaron Gaylord hatten zwei Riemen ergriffen und stießen die schmutziggrauen, gefährlichen Eisschollen beiseite. Wenn die Eisränder auch nicht mehr so scharfkantig waren, und wenn der Wind sich auch gelegt hatte — das Boot konnte immer noch zerquetscht werden.

Nach zehn Minuten beobachtete Priscilla, wie sie an Bord der *Taube* kletterten.

Das Boot nahm abermals den Weg zum Ufer, und Priscilla merkte zu ihrer Erleichterung, daß Vater darin geblieben war, um ihnen hinüberzuhelfen.

Nun war noch zu überlegen, was mit den Ochsen geschehen sollte. Die Wheelwrights hatten sich bereit erklärt, bei ihnen zu bleiben und abwechselnd zu wachen und am Feuer zu schlafen. Die Indianer hatten es bereits abgelehnt, auf dem Schiff zu übernachten.

„Wenn der Regen anhält", sagte Capen, „können wir am Morgen so nahe herankommen, daß man eine Planke hinüberlegen und die Ochsen in die Arche bringen kann."

Roter Hirsch trat heran, um ihnen beim Einsteigen behilflich zu sein. Priscilla watete durch Wasser und Schlamm und wurde ins Boot gezogen. Sie hörte, wie Roter Hirsch sagte: „Lebt wohl! Ihr uns jetzt nicht mehr brauchen. Wenn brauchen — wir kommen!"

„Wir morgen holen kranken Mann", fügte Blauer Blitz hinzu. „Dann heim."

Vater drückte dem Häuptling die Hand: „Die Sprache ist zu arm, euch meine Dankbarkeit auszudrücken. Wir danken euch unser Leben!"

Sie nahmen in zwei Reihen an den Längsseiten des Bootes Platz. Priscilla empfand dieselbe Furcht wie damals auf der Fähre und wagte kaum zu atmen. Der nasse und schmutzstarrende Goliath drängte sich an sie. Eben-Ezer Enright hatte Pat Hennessys Platz eingenommen. Die Riemen schoben das Eis beiseite und begannen sich im Takt zu bewegen.

Als sie die *Taube* erreichten, nahm Vater den Hund und hielt ihn den hilfreich ausgestreckten Armen entgegen. Dann hob er Priscilla hoch, so daß ihr Pat Hennessy an Bord helfen konnte.

Gleich darauf stand sie in der Kabine!

Heiße Luft hüllte sie ein wie ein Nebel. Etwa in der Mitte der Kabine stand auf einer Unterlage von Ziegeln ein rundes, rotglühendes Eisenrohr. Von ihm ging ein schmaleres Rohr aus, das in der Decke verschwand.

„Das ist ein Ofen", sagte Pat Hennessy. „Man heizt ihn mit Holzscheiten und Kohlen."

In der Eile und Aufregung hatte sich noch niemand nach dem sechsten Mann der Besatzung erkundigt. „Wo ist William Sackwell?" fragten Vater und Markus Barland gleichzeitig.

„Von einer Sturzsee über Bord geschwemmt, in dem schrecklichen Sturm im Oktober", sagte Capen.

Es entstand ein bedrücktes Schweigen. Voll Trauer gedachten sie ihres alten Freundes.

Dann berichteten die fünf Männer über den Stand der Vorräte, und Vater und Mose Gridley rechneten aus, daß bei einiger Vorsicht und mit etwas Glück beim Fischen, Jagen und Fallenstellen all das reichen würde, um den Winter gut zu überstehen. „Mehr können wir nicht verlangen", sagte Vater dankbar, „zumal ja für die zwanzig, die umgekehrt sind, noch Vorräte auf dem Schiff lagern. Die können wir dann aufbrauchen und ihnen später ersetzen oder bezahlen."

„Dann sind wir gerettet", sagte Witwe Gaylord. Es klang so ruhig, wie wenn sie gesagt hätte: „Willst du noch eine Tasse Tee?"

„Schön", sagte Mutter, die immer praktisch dachte. „Und was ist weiter zu tun?"

„Wenn dieser gesegnete Regen die Nacht über anhält und kein neuer Kälteeinbruch kommt", sagte Enright, „können wir morgen die Ochsen verladen, Segel setzen und zur Siedlung fahren — vielleicht gelingt es."

Matthäus Grant sank auf eine Holzbank und verbarg das Gesicht in den Händen. Priscilla sah, wie seine Schultern bebten und seine Hände zitterten.

„Nur Mut!" sagte Timotheus Croft. „Du hast allerhand durchgemacht. Nun laß den Kopf nicht hängen. Du bist ein tapferer Mann."

„Ein tapferer Mann?" Vaters Stimme klang müde. „Vielleicht ein verrückter Mann. Aber ich habe eine tapfere Frau und eine tapfere Tochter."

„Wir werden leben, lieber Mann", sagte Mutter und umarmte ihn. „Und unsere Kinder sollen andern ein Beispiel geben in diesem neuen Land."

Als Priscilla ihre Überkleider abgelegt hatte und warm geworden war, merkte sie erst, wie erschöpft sie war. Enright rückte ihr in der Nähe des Ofens zwei Heubündel zurecht, auf denen sie sich ausstrecken konnte. Mochte die Zukunft noch ruhig warten! Sie wollte jetzt nichts als schlafen, schlafen . . .

Da sah sie den Baum, eine kleine grüne Zeder, die in einem großen Blumentopf auf dem Holztisch in der Ecke stand. Schnüre mit Moosbeeren hingen daran, und ein paar kleine weiße Kerzen saßen darauf wie Vögel in den Zweigen.

„Heute ist Heiliger Abend", sagte Pat Hennessy. „Ein Baum für die Kinder."

„Nein", sagte Markus Barland und fuhr von seiner Bank auf. „Das ist heidnischer Brauch, mit solcher Gotteslästerung wollen wir nichts zu tun haben."

„Der Baum ist ein Sinnbild des Lebens", sagte Vater. „So sagt die Heilige Schrift." Er drückte den Freund energisch auf die Bank zurück. „Ich sehe keinen Sinn darin, diesen schlichten Baum zu verbieten. Die finstern Kirchenherren von Dorchester mögen dagegen wettern soviel sie wollen."

„Dann werden wir jetzt die Lichter anzünden", sagte Mose Gridley. „Wir wollen uns an dem Wiedersehen mit unseren Anverwandten erfreuen, und unsere Kinder sollen sehen, was wir drüben in England in unserer Kindheit geliebt haben."

„Geschenke haben wir keine", sagte Hennessy, „aber wir haben Wärme und Nahrung, Obdach und Liebe."

Thaddäus Dean stand am Ofen und machte ihnen etwas zu essen: heißen Maiskuchen und Rühreier! Er reichte Priscilla zwei knusprige Kuchen mit der warmen, flockigen Eimasse dazwischen, und sie aß, ohne aufzustehen. Sie hatte schon vergessen, daß es so etwas wie frische Eier gab und daß die *Taube* Hühner an Bord hatte. Morgen würde sie in den Laderaum gehen und nachsehen, ob ihre Lieblingshennen, Rebekka und Rahel, sich noch an sie erinnerten und sich, wie früher, über die roten Kämme streicheln ließen. Aber für heute war Schluß!

„Hier ist noch eine alte Freundin!" rief Mutter, als Priscilla schon am Einschlafen war. „Queen Bess!"

Die Katze war sauber und wohlgenährt. Sie bewegte sich schnurrend auf das Heu zu, krümmte den Rücken vor Goliath, dann nahm sie ihn in Gnaden auf und setzte sich hin, um sich die Schnauze zu putzen.

Überall roch es nach Leben — hier der würzige Duft der Kerzen und des Zedernholzes, dort der des Specks, der auf dem Ofen brutzelte, und über allem der Stallgeruch, der aus dem Laderaum heraufstieg.

Sanft wiegte sich das Schiff auf den Fluten, befreit von der Umklammerung des Eises. Ein Wind hatte sich aufgemacht und rauschte einschläfernd wie der willkommene Regen. Darunter mischte sich ein anderes Geräusch, das Priscilla sich erst nach einer Weile erklären konnte. Goliath und Queen Bess waren auf das Heu gesprungen und hatten sich an ihre Knie gekuschelt. Und beide leckten einander ab, nachdrücklich und liebevoll!

Und so schlief Priscilla ein.

---

26 Dec. 1635
We found yᵉ Pigeon 2 days ago.
We reached home Christmas Day.
On the boat there was a Christmas
Tree. Father says we ~~can~~ may ~~all~~
always have one.

„Vor zwei Tagen haben wir die *Taube* gefunden. Wir sind am Weihnachtstag nach Haus gekommen. Auf dem Schiff war ein Christbaum. Vater sagt, wir dürften immer einen haben."

NACHWORT

Wer mit den geschichtlichen Tatsachen etwas vertraut ist, wird bemerkt haben, daß ich mir in meiner Schilderung einige Freiheiten erlaubt habe.

Außer bei Matthäus Grant habe ich Vor- und Familiennamen aufs Geratewohl aus Verzeichnissen neuenglischer Namen übernommen und keine wirklichen Personen geschildert. Das Tagebuch ist lediglich eine Erfindung meiner Phantasie.

Matthäus Grant wurde 1601 in Devonshire geboren (oder in Essex oder vielleicht sogar in London). Er wanderte 1630 mit seiner Frau und seiner Tochter Priscilla an Bord der *Mary and John* nach Dorchester (Massachusetts) aus. Priscilla war damals in Wirklichkeit erst vier Jahre alt und demnach während des Zuges nach Connecticut erst neun Jahre.

Die hundertvierzig Auswanderer auf der *Mary and John* hatten ihre kirchliche Organisation und zwei Pastoren an Bord, nachdem sie vor ihrer Abreise einen feierlichen Bund in Plymouth geschlossen hatten.

Matthäus Grant gehörte zu den Männern, die im Sommer 1635 die Erkundungsfahrt zum Connecticut unternahmen. Die Berichte lassen nicht deutlich erkennen, ob er und seine Familie an dem Treck im Oktober 1635 beteiligt waren oder den nächsten Frühling abwarteten. Ebenso ungeklärt ist, wann ihr Pastor, der jüngere der beiden, die Reise unternahm.

Jedenfalls nahmen viele von den Leuten aus Dorchester an der beschwerlichen Herbst- und Winterreise teil, und einige sind umgekehrt. Ihre Versorgungs-„Barken" segelten den gleichen Kurs, den ich der *Taube* zugeschrieben habe, gingen aber in Stürmen unter oder froren fest. Die Pioniere, die ihre vom Eis eingeschlossenen Schiffe zu Fuß erreichen wollten, wurden von der *Rebekka* aufgenommen, die aus Boston zur Rettung ausgelaufen war. Auch dieses Schiff saß im Eis fest, bis anhaltende Regengüsse das Eis aufweichten.

Die Fähre bei Springfield oder Agawam wurde erst einige Jahre nach der Zeit, in der unsere Geschichte spielt, in Betrieb genommen, und John Eliot begann ebenfalls erst nach 1635 mit seinen richtigen Indianerpredigten.

Matthäus Grant versah vierzig Jahre lang das Amt eines Stadt- und Kirchenschreibers in Windsor (Connecticut). Er starb achtzigjährig im Jahre 1681. Priscilla verheiratete sich 1647 mit Michael Humphry und ist wirklich meine Vorfahrin. Ein Nachkomme von Samuel war der berühmte General Ulysses S. Grant.

Evelyn Allen Hammett